美国小学主流科学教材

【美】杰伊·哈克特 等著
张 俊 邓小耶 等译

天气与太空 3

Weather and Space

浙江教育出版社·杭州

本版特色

- 兼顾授受式学习内容和探究式调查活动。
- 采用5E（Engage参与，Explore探究，Explain解释，Extend/Elaborate拓展，Evaluate评估）研究型教学模式。
- 增加工程和设计版块。
- 培养21世纪技能，如创新创造能力、协作能力、沟通能力、批判性思维与解决问题的能力等。
- 用个性化的生动图像激发学生的学习兴趣。
- 根据知识深度等级体系（Depth of Knowledge，简称DOK）设计评价和测试。

注：原版书中，A单元、B单元表示该内容属于生命科学领域，C单元、D单元表示该内容属于地球与空间科学领域，E单元、F单元表示该内容属于物质科学领域。中文版对此予以保留。

Program Authors

Dr. Jay K. Hackett
Professor Emeritus of Earth Sciences
University of Northern Colorado
Greeley, CO

Dr. Richard H. Moyer
Professor of Science Education and Natural Sciences
University of Michigan-Dearborn
Dearborn, MI

Dr. JoAnne Vasquez
Elementary Science Education Consultant
NSTA Past President
Member, National Science Board and NASA Education Board

Mulugheta Teferi, M.A.
Principal, Gateway Middle School
Center of Math, Science, and Technology
St. Louis Public Schools
St. Louis, MO

Dinah Zike, M.Ed.
Dinah Might Adventures LP
San Antonio, TX

Kathryn LeRoy, M.S.
Chief Officer
Curriculum Services
Duval County Schools, FL

Dr. Dorothy J. T. Terman
Science Curriculum Development Consultant
Former K-12 Science and Mathematics Coordinator
Irvine Unified School District, CA
Irvine, CA

Dr. Gerald F. Wheeler
Executive Director
National Science Teachers Association

Bank Street College of Education
New York, NY

Contributing Authors

Dr. Sally Ride
Sally Ride Science
San Diego, CA

Lucille Villegas Barrera, M.Ed.
Elementary Science Supervisor
Houston Independent School District
Houston, TX

American Museum of Natural History
New York, NY

Contributing Writer

Ellen C. Grace, M.S.
Consultant
Albuquerque, NM

RFB&D learning through listening
Students with print disabilities may be eligible to obtain an accessible, audio version of the pupil edition of this textbook.
Please call Recording for the Blind & Dyslexic at 1-800-221-4792 for complete information.

connectED.mcgraw-hill.com

Mc Graw Hill Education

STEM McGraw-Hill is committed to providing instructional materials in Science, Technology, Engineering, and Mathematics (STEM) that give all students a solid foundation, one that prepares them for college and careers in the 21st century.

Send all inquiries to:
McGraw-Hill Education
8787 Orion Place
Columbus, OH 43240

ISBN: 978-0-02-136124-3
MHID: 0-02-136124-X

Printed in the United States of America.

5 6 7 8 9 10 11 12 QVS 25 24 23 22 21 20 19 18

Content Consultants

Paul R. Haberstroh, Ph.D.
Mohave Community College
Lake Havasu City, AZ

Timothy Long
School of Earth and Atmospheric Sciences
Georgia Institute of Technology
Atlanta, GA

Rick MacPherson, Ph.D.
Program Director
The Coral Reef Alliance
San Francisco, CA

Hector Córdova Mireles, Ph.D.
Physics Department
California State Polytechnic University
Pomona, CA

Charlotte A. Otto, Ph.D.
Department of Natural Sciences
University of Michigan-Dearborn
Dearborn, MI

Paul Zitzewitz, Ph.D.
Department of Natural Sciences
University of Michigan-Dearborn
Dearborn, MI

Editorial Advisory

Deborah T. Boros, M.A.
President, Society of Elementary Presidential Awardees
Second-Grade Teacher
Mississippi Elementary
Coon Rapids, MN

Lorraine Conrad
K-12 Coordinator of Science
Richland County School District #2
Columbia, SC

Kitty Farnell
Science/Health/PE Coordinator
School District 5 of Lexington and Richland Counties
Ballentine, SC

Kathy Grimes, Ph.D.
Science Specialist
Las Vegas, NV

Richard Hogen
Fourth-Grade Teacher
Rudy Bologna Elementary School
Chandler, AZ

Kathy Horstmeyer
Educational Consultant
Past President, Society of Presidential Awardees
Past Preschool/Elementary NSTA Director
Carefree, AZ and Chester, CT

Jean Kugler
Gaywood Elementary School
Prince Georges County Public Schools
Lanham, MD

Bill Metz, Ph.D.
Science Education Consultant
Fort Washington, PA

Karen Stratton
Science Coordinator K-12
Lexington District One
Lexington, SC

Emma Walton, Ph.D.
Science Education Consultant
NSTA Past President
Anchorage, AK

Debbie Wickerham
Teacher
Findlay City Schools
Findlay, OH

The American Museum of Natural History in New York City is one of the world's preeminent scientific, educational, and cultural institutions, with a global mission to explore and interpret human cultures and the natural world through scientific research, education, and exhibitions. Each year the Museum welcomes around 4 million visitors, including 500,000 schoolchildren in organized field trips. It provides professional development activities for thousands of teachers; hundreds of public programs that serve audiences ranging from preschoolers to seniors; and an array of learning and teaching resources for use in homes, schools, and community-based settings. Visit www.amnh.org for online resources.

译序

一部好教材欲保持其生命力的重要举措就是要不断地与时俱进，要随着社会的变迁、学术的进步不断地吐故纳新。浙江教育出版社引进出版的《科学启蒙(第二版)》就是这样的一部好教材。

比较这套教材的两个版本，不难发现，第一版显然依据的是1996年美国颁布的科学教育标准。1996年的科学教育标准有三个重要特点：(1)明确科学教育的目标是培养所有学生的科学素养（美国曾经有过把培养科学家作为科学教育培养目标的历史）；(2)强调要把科学本身的实际做法，即科学探究也作为科学教育的内容；(3)将科学课程的内容按“生命科学、物质科学、地球与空间科学”三个领域加以划分。第一版的《科学启蒙》较好地落实了课程标准的这些理念。

第二版依据的是美国2013年颁布的《新一代科学教育标准（NGSS)》。和1996年课程标准相比，2013年的标准有三个显著变化。(1)将科学探究扩充为“科学与工程实践”，明显强化了运用科学概念解决实际问题能力的培养。(2)强调科学大概念。标准提出了判断大概念的4个原则：①具有学科的意义，具有跨越多个学科领域的广泛的重要性，或者是本学科中组织相关知识的关键概念；②具有解释力，能解释许多现象；③具有生成性，能为理解和探究更多的概念和解决问题提供关键的工具，与社会、家庭相关；④能从幼儿园到高中螺旋上升。(3)强调了学科间的融合，不仅是科学、技术、工程、数学的融合，还有科学、语文、数学的融合。

第二版的《科学启蒙》教材真的是在与时俱进。首先，它在继续强调科学探究的同时，大大强化了工程设计部分，不仅在各领域各章节中增加了运用相关知识解决实际问题的机会，还在“做一名科学家”版块增添了有关工程设计的“聚焦技能”。第二，在强调科学大概念方面，教材不仅在各章节都有科学大概念的明确标示，还在各章结尾之处增加了科学概念和技能的测评。第三，在学科融合方面，教材不仅强化了科学阅读（包括文和图）和科学写作的指导，还强化了数学意识和能力的培养。

《科学启蒙》这套教材还有一个突出的亮点就是它精彩的图片。大量有视觉冲击力的照片和灵动的排版为教材增色不少，让人爱不释手。

它山之石，可以攻玉。中国正在进行着课程改革，也正在努力地缩短与发达国家在教育上的差距，引进国外好的教材不失为一种有效的捷径。不同的群体都可以从《科学启蒙》这套教材中获益。它为教材编写者提供了一个如何将内容与活动结合的范例，它给予科学教师教学活动设计的启迪，它为语文老师提供了如何指导学生科学阅读和科学写作的策略，就连出版社也可以从中获得科学教材排版方面的启示。除此，作为一套学生的科学阅读的材料，它也是一个不错的选择。

只有站在巨人的肩膀上我们才可以实现弯道超车，才可以追赶上发达国家，才可以实现伟大的中国梦！国家如此，科学教育亦然，让我们共同努力！

小学科学课程标准研制组组长、修订组副组长
南京师范大学教科院教授 郝京华

地球与空间科学

目录

Contents

做一名科学家

D单元　天气和太空

第2章

探究活动

第1章　天气的变化

第2章　行星，月球和恒星

做一名科学家

变色龙会通过改变体色来进行交流。

AMERICAN MUSEUM OF NATURAL HISTORY

科学方法

看一看，想一想

马达加斯加岛位于非洲，是距离非洲大陆不远的一个热带岛屿。在马达加斯加岛上分布着地球上绝无仅有的动物和植物！住在热带岛屿上会是什么样的体验？你觉得你会在那儿发现什么呢？

探索

关于生活在马达加斯加的动物，你知道些什么？

- 你会如何在自然栖息地里找动物？
- 你能在森林里找到什么动物？
- 生活在森林里的动物需要具备什么能力？
- 科学家是如何找到这些问题的答案的？

克里斯·瑞斯沃茨

波勒·拉扎菲

有两位科学家，克里斯·瑞斯沃茨和波勒·拉扎菲，主要研究生活在马达加斯加的动物。他们同时为纽约的美国自然历史博物馆和马达加斯加的塔那那利佛大学工作。

科学家做什么？

克里斯和波勒想在马达加斯加寻找一些生活在那里的令人惊奇的动物。马达加斯加的大部分地方从未被科学家探索过，近几年那里持续有新发现的动物物种。

科学方法是科学家调查世界时所使用的方法，科学家使用科学方法来寻找大自然问题的答案。

目前，克里斯和波勒在研究一种叫作大马达加斯加变色龙的蜥蜴。克里斯在森林里发现并研究这种变色龙，他想知道这种变色龙还在哪些地方生活。

◀科学方法是所有科学家在研究各类问题时都会运用的方法。但是，他们可能不会用到所有步骤，有时步骤的顺序也会不同。

克里斯知道，变量（如温度或降雨）会影响动物的生存。变量是一种可能会使研究结果发生改变的因素。因此，他根据之前所收集的信息做出了假设。假设是一种有待验证的说明，做出假设是为了得到问题的答案。

克里斯的假设是：如果一个地方的温度在 10 ～ 40℃，每年降水量在 500 ～ 1500 mm，那么大马达加斯加变色龙便可在那里生活。

做出假设

1. 提出多个“为什么”的问题。
2. 寻找重要变量之间的联系。
3. 尝试解释这些联系。

- 确保这些解释能够被验证。

▼大马达加斯加变色龙

科学家如何验证假设？

大马达加斯加变色龙大约有一根香蕉那么大，并不算小，但在茂密的森林中其实很难发现它们——它们实在太善于隐藏自己了。马达加斯加当地人说："别浪费时间寻找变色龙了，你永远也找不到它们的。"

那么，克里斯和波勒应该去哪儿寻找变色龙呢？为了找到它们，他们研究了温度和降水量的相关数据。他们把数据输入电脑，绘制了一幅地图。电脑把所有可能出现变色龙的区域都标注成黄色，这些区域和已发现变色龙的区域的温度和降水量相似。克里斯预测，他们如果到这些区域去寻找，就很有可能找到大马达加斯加变色龙。

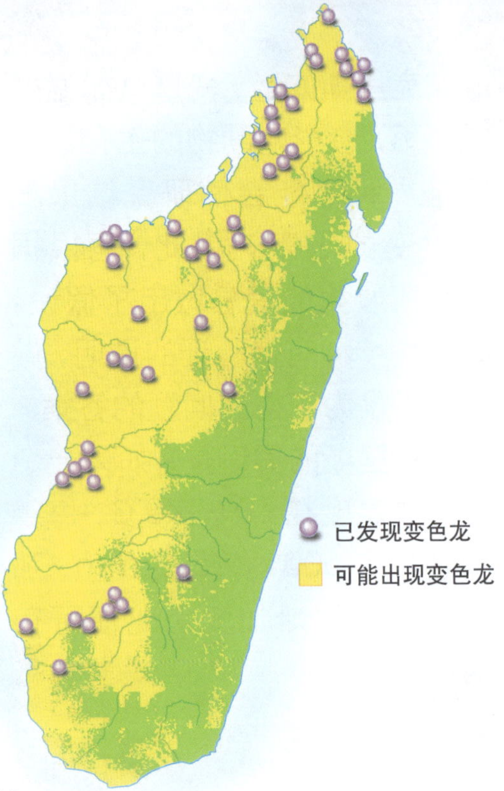

▲图上的紫色圆点是已发现大马达加斯加变色龙的地方。黄色区域是克里斯和波勒认为有可能找到这种变色龙的地方。

◀夜晚，克里斯会使用头灯来寻找变色龙。

克里斯和波勒选择到地图上的黄色区域寻找变色龙。他们在这些地方收集数据，想以此来验证他们的假设。他们采用的方法，其他科学家也可以使用，这样其他科学家也可以来验证克里斯和波勒的结果。

“我们使用头灯在夜晚寻找变色龙。夜晚它们会睡觉，这样更方便我们寻找。”克里斯解释道，“我们在树枝上寻找颜色较浅的逗号形状。”一旦克里斯和波勒找到了一只变色龙，他们会拍下照片并做好详细的笔记。他们在野外日记中记录准确的日期、时间和地点。

验证假设

1. 仔细思考不同的数据，确定哪些可以用来验证你提出的假设。
2. 选择最有效的方法搜集数据。
   - **实施实验**（在实验室里）
   - **观察真实环境**（在自然界）
   - **建立和使用模型**（在电脑上）
3. 制订实验计划，收集数据。

▶ **确保你的实验能被其他人重复。**

无论发现的是大马达加斯加变色龙还是其他种类的变色龙，克里斯和波勒都会认真记录下数据。

克里斯的野外日志

2018年4月9日

安博伊波拉森林

日降雨量：15mm。

温度：20～34℃。下午大雨。

这片落叶林有一些大树和砍伐后留下的树桩，森林边缘被烧毁了。森林中常有人在狩猎。森林中的小溪大多在冬季干涸。

大马达加斯加变色龙
(Furcifer oustaleti)
上午10:45，在有少量树木的草地上找到的。同时发现的还有17枚蜥蜴蛋，蛋的大小约为14mm×8mm。

马达加斯加日壁虎
(Phelsuma madagascariensis)
上午11:30，在小溪边的树丛中发现的。

分析数据

1. 把数据整理成概念图、表格、地图或组图等。
2. 寻找数据中的规律。这些规律能够显示假设中的重要变量如何相互影响。

▶ 将所得数据与其他来源的数据进行比较，以此来检查数据。

科学家是如何分析数据的？

在验证假设的过程中，重要的一环是从收集到的数据中寻找规律。克里斯和波勒对他们收集到的数据进行了研究，这些数据都是他们在寻找蜥蜴的过程中收集的。他们在地图上标注出6个新发现大马达加斯加变色龙的地方。接着，他们开始尝试从数据中寻找规律。

他们集中讨论新发现大马达加斯加变色龙区域的温度和降水量。

科学家是如何得出结论的?

克里斯和波勒在预测区域找到大马达加斯加变色龙了吗? 找到了! 结果支持了他们的假设。符合一定温度和降水量条件的地方，就可能会有大马达加斯加变色龙栖息。

克里斯和波勒发布了他们的研究结果，以便别人能够从中学习。了解变色龙的栖息地，有利于科学家保护它们的家园。“这有利于生物学家为马达加斯加制订生物保护计划。”波勒说道。

▼马岛缟狸

克里斯和波勒的结论又让他们想到了新的问题：还有哪些其他变量会影响大马达加斯加变色龙的生存呢？这几页中出现的动物都生活在马达加斯加。科学家也能按照同样的科学方法研究这些生物吗？在马达加斯加岛，哪里动植物最密集？新的问题能够引出新的假设，并激发人们对新事物的好奇。深入了解生活在马达加斯加的动物，人们就可以更好地制订计划来保护它们。

得出结论

1. 判断这些数据是否能够清楚地支持或反对假设。
2. 如果结论不明确，回想一下假设是如何被验证的，并制订一个新计划。
3. 写下结论，与他人分享。

▶ 一定要提出问题。

想一想，说一说，写一写

1. 为什么科学方法对科学家的研究有着举足轻重的作用？
2. 对于这些动物你还有什么问题？选择其中一种，并提出可被验证的假设吧。

▼千足虫

环尾狐猴▶

科学技能

海星

科学家在运用科学方法时，还用到了许多技能。通过使用这些技能，科学家可以更好地收集信息，回答他们对于周围世界的问题。以下是他们用到的一些技能。

观察 运用感官来了解事物或现象。

做出假设 做出能够回答某个问题的说明，这种说明能够被验证。

交流 和他人分享信息。

分类 根据事物的特点、种类或性质等进行分组。

运用数字 用排序，计数，加、减、乘、除等数学方法来解释数据。

制作模型 模型可以用来展示物体的外观或工作原理。

蜥蜴

金鱼

甲壳虫

动物	我观察到的

▲观察这两页的动物，并绘制表格交流你的观察结果。

刺猬

蜻蜓

鹦鹉

使用变量　分析出可以改变某个实验结果的条件。

解释数据　使用收集到的信息来回答或解决问题。

测量　弄清楚事物的大小、距离、体积、面积、质量、重量、温度等。

预测　预先推测事件或实验的可能结果。

推理　从事件或观察中形成一个想法。

实验　为验证假设而进行一些活动或操作。

探究技能培养

在本书的每一章中，你都会看到一个“聚焦技能”专栏。这个专栏会帮助你培养科学家所需要的技能。

蜗牛

动物幼崽

动物	动物幼崽的平均数量
甲壳虫	75
海星	2000000
蜥蜴	14
刺猬	4
羚羊	1

▲用这张表格推测动物的大小是如何影响动物幼崽的数量的。

羚羊

聚焦技能

科学和技术：设计过程

你发明过什么东西吗？如果有，你一定运用过**设计过程**！工程师利用设计过程来发明创造。

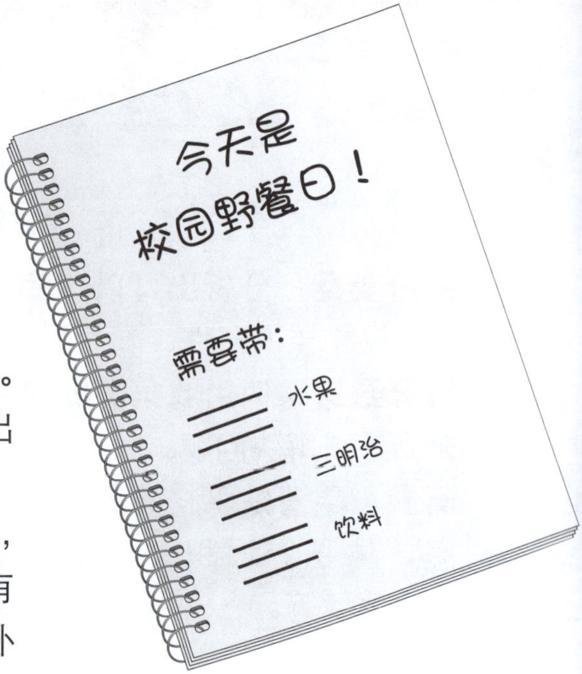

▶ 学习

你可能已经运用过**设计过程**了。你首先要确定一个问题，接着要想出几个可能的解决方案。

有时候，解决方案可能难以实施，它可能耗费太多或材料难以获得。有时候，解决方案可能会出现意料之外的麻烦。有时候，解决方案完全事与愿违。这也就是设计过程需要检验的原因。

▶ 尝试

丽丽做了一个指示牌来告诉大家有关学校野餐的事情。她把指示牌贴在户外，但是被风吹走了。

请帮助丽丽就如何不让指示牌被风吹走这个问题设计三个解决方案。阐述方案并作图。得到老师的认可后，开始检验你的设计。

▶ 应用

解释**设计过程**是如何改善你的生活、你家人的生活和你社区的生活的。

创意设计策略

弗兰德想更换他的自行车轮胎，却不小心将螺栓掉到了下水道里！现在，他无法换轮胎了，他要先找回螺栓。

确定问题

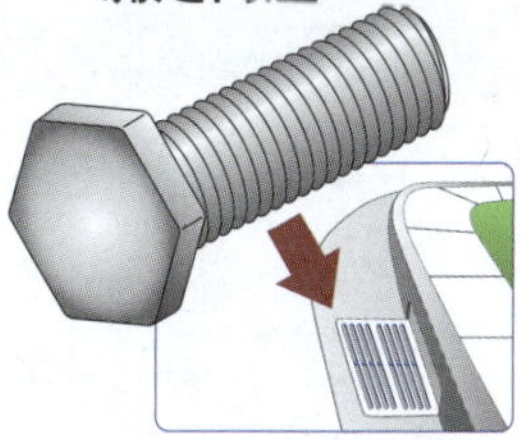

设计解决方案

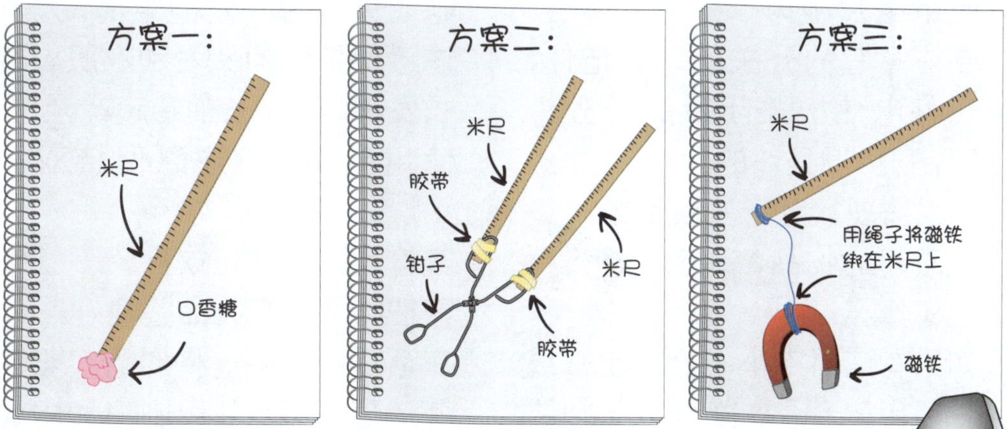

看一看上面的解决方案。弗兰德没有磁铁，没有钳子。但是，他有口香糖。他用一根扁平的棍子代替米尺去尝试实施方案一。方案一成功了！

检验

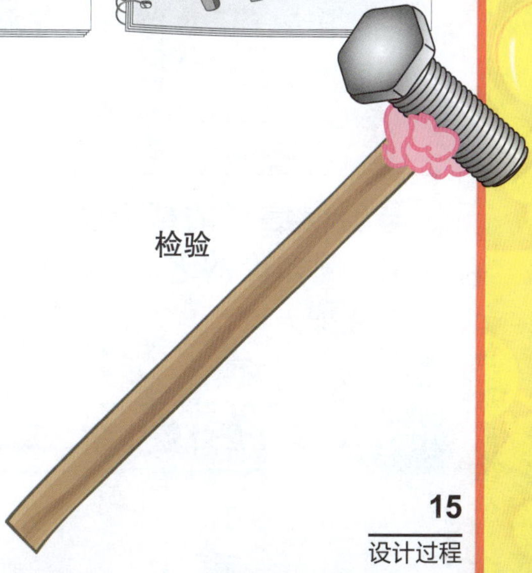

安全提示

室内

- 阅读并理解所有的指导说明。当你看见“△小心”的时候，一定要遵守操作规范。
- 仔细听老师特别说明的注意事项，如果对某些方面不是很清楚，应及时寻求帮助。

- 在活动前，请用肥皂和水清洗双手。
- 使用电热板时，要特别小心。要注意它的开关状态。记住：在将电热板关闭后的几分钟内，它仍旧是热的。
- 如果需要接触一些脏乱或会溅起的物品，请穿上实验服。

- 如果有液体不小心流了出来或溅了出来，请立刻寻求老师的帮助。
- 请按照要求处理废弃物。
- 如果有物品被打碎了，请告诉老师。如果玻璃制品碎了，不要独自处理。

- 当老师要求你佩戴护目镜时，请按要求去做。当你要操作一些可能会飞溅到眼睛里的粉末或液体时，必须戴好护目镜。
- 与明火保持一定的距离，尤其注意保护你的头发和衣服。将长发绑起，将长袖卷起。
- 使用电器时，注意保持双手干燥。
- 实验过程中禁止饮食。
- 请按照要求把物品整理好。
- 在活动结束后，将你的实验区域清理干净，并用肥皂和水清洗双手。

室外

- 与值得信任的成年人一起活动，例如你的老师、家长或其他监护人。
- 在没有得到成年人的允许前，不要触摸动物或植物。动物可能会咬伤你，有些植物可能会有毒。

责任 **请注意尊重生命、爱护环境和你的同伴。**

D单元

天气和太空

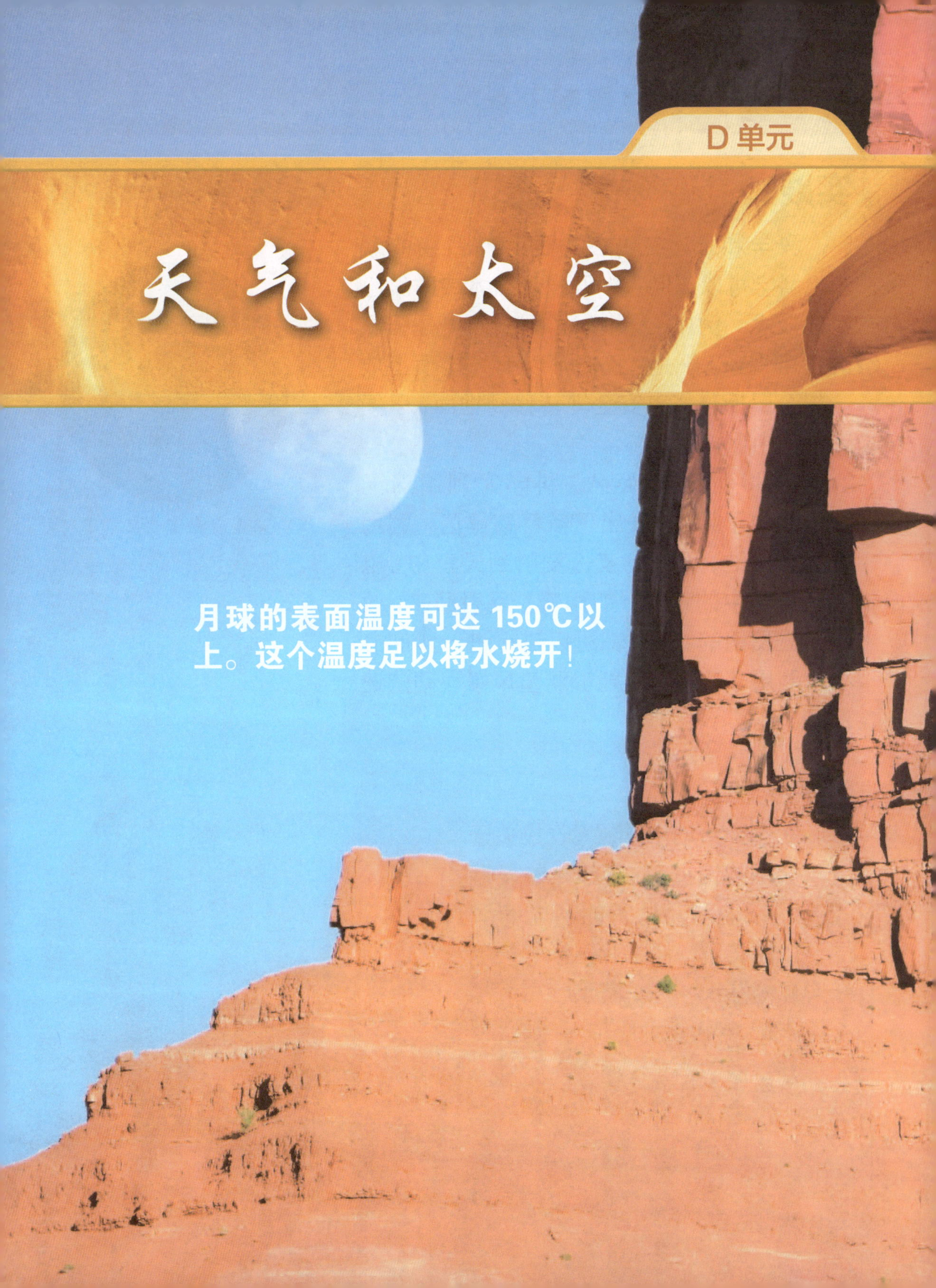

月球的表面温度可达 150℃以上。这个温度足以将水烧开！

科学和工程

实践：交流信息

科学和工程在许多方面都有紧密的联系。科学可以帮助人们开发新技术或改良已有的技术。例如，科学家了解到闪电是强烈的放电现象，于是，我们可以在高楼顶上放一根金属棒来将电安全地转移到地面，以便在雷雨中保护建筑物。

在 20 世纪 90 年代，科学家利用对无线电波的了解，开发出了多普勒雷达。利用多普勒雷达，无线电波被发射到天空中，电波被大气中的物体（如雨滴）反射回来，收集这些反射的数据，就可以进行进一步的分析。利用多普勒雷达能够测量风暴移动的速度和方向。

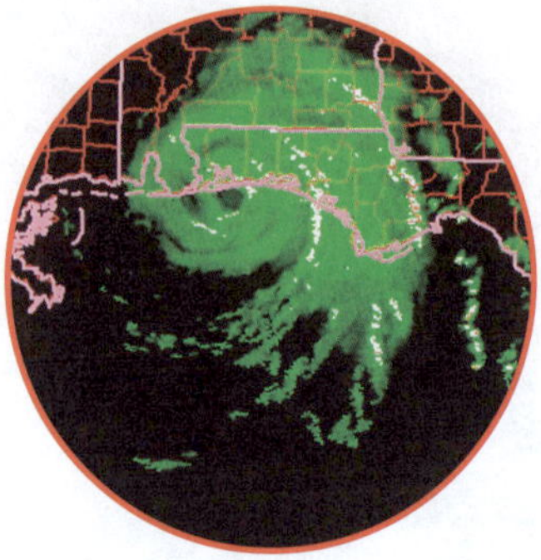

▲多普勒雷达记录了风暴的移动。

▶ 学习

在这个活动中，你将收集关于一项技术的信息，这项技术的发展是基于我们对其背后的科学有了更深入的了解。你将和同学们交流所学到的知识。

多普勒雷达塔收集有关天气的信息。▶

交流时，你会和他人分享信息。在分享信息前，你得先收集信息。

▶ 尝试

1. 想一想哪项技术使我们可以了解更多有关天气的信息。通过杂志、报纸、网络或其他方式寻找更多关于这项技术的信息。这项技术的研发是基于哪些科学知识?
2. 组织你收集到的信息，向同学们展示。你的展示中应该包括必要的图片和说明。
3. 展示结束后，问问大家在展示中了解到了哪些信息，以及你的展示还有哪些地方需要改进。

▶ 应用

在得到大家的反馈后，回去改进你的展示，接着去向其他人进行展示。

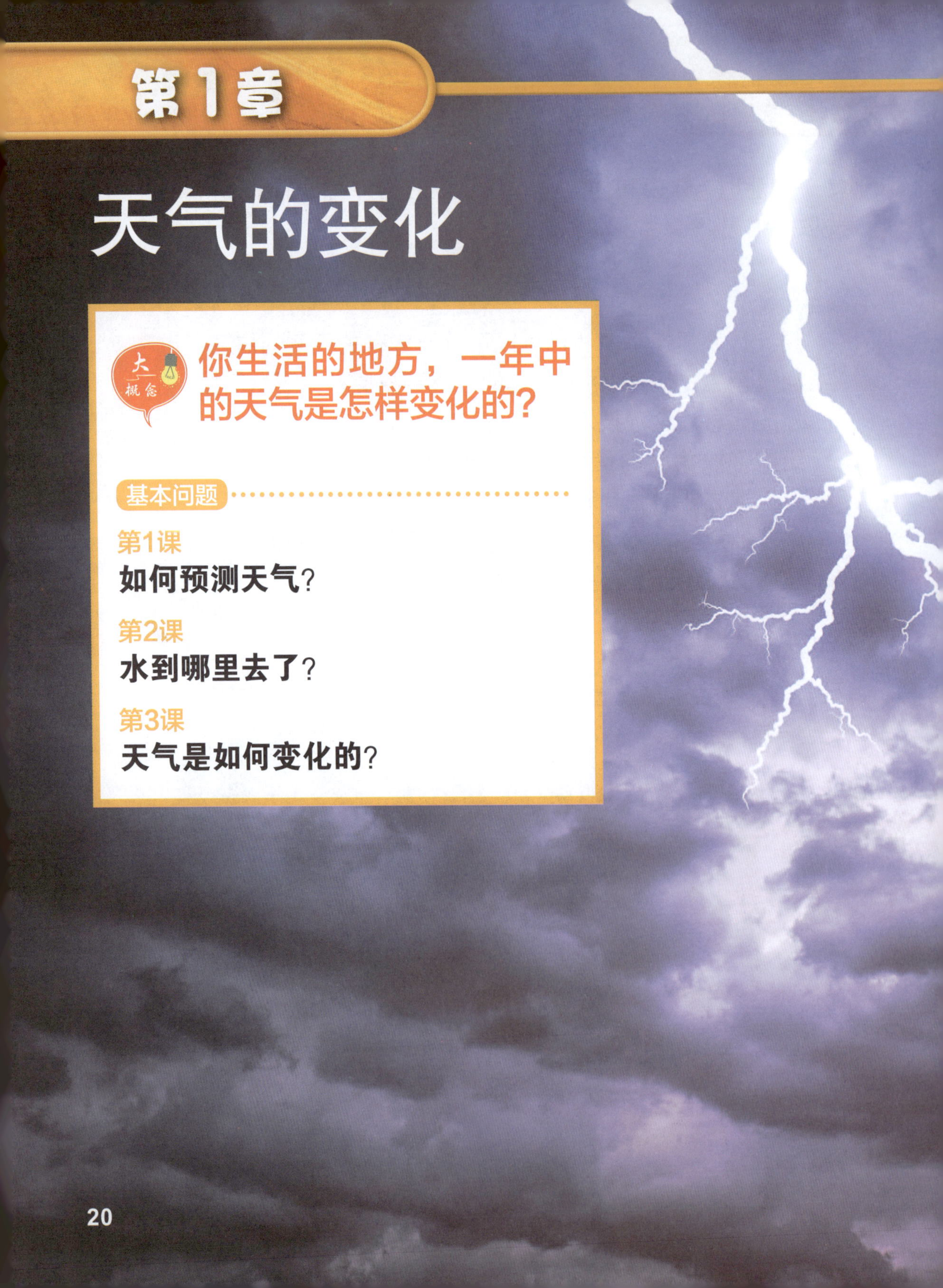

第1章

天气的变化

大概念

你生活的地方，一年中的天气是怎样变化的？

基本问题

第1课

如何预测天气？

第2课

水到哪里去了？

第3课

天气是如何变化的？

大概念

核心词汇

天气 某时某地大气中发生的各种气象状况。

降水 从大气中落到地面的水。

云 在空中悬浮的由小水滴、小冰晶聚集形成的物体。

水循环 水在海洋、陆地、大气之间的运动。

气候 指一个地区经过多年观察所得到的概括性的气象综合状况。

季节 每年循环出现的一段有特点的时期。

第1课

天　气

看一看，想一想

什么东西你看不见，闻不出，尝不到？对，是空气。你怎么知道你周围有空气？

探究活动

如何证明空气就在我们身边？

预测

空气能防止杯子里的纸巾被水弄湿吗？

检验

1. 在塑料容器中装入大约一半的水，然后将一张干纸巾塞入一只杯子的底部。
2. **实验** 将这个杯子倒过来，按到这个塑料容器的底部。注意不要倾斜杯子。
3. **观察** 将杯子从水中取出来，仍然注意不要倾斜杯子。纸巾摸起来怎么样？
4. **观察** 再次将这个杯子倒过来，按到这个塑料容器的底部。但这一次，慢慢地倾斜杯子。将杯子从水中取出，你观察到了什么变化？

得出结论

5. **推理** 是什么物质导致水不能占满整个杯子？这对纸巾有什么影响？
6. **推理** 你怎么知道空气就在身边？

进一步探究

还能如何证明空气就在我们身边？
做出方案，来验证吧！

材 料

塑料容器

水

纸巾

塑料杯子

读一读，学一学

基本问题
如何预测天气？

词汇
大气层
天气
温度
降水
风
气压

阅读技能
预测

我的预测	实际发生的

天气是什么？

空气就在你的周围。空气是由多种气体组成的，其中包括氧气和氮气。空气看不见、闻不出、尝不到。但是你可以用很多方法证明空气就在你的身边，这是因为空气会占据空间，它也能移动物体。

空气就像一条巨大的毯子将地球包裹了起来。包裹地球的这厚厚一层空气叫作**大气层（atmosphere）**，它覆盖着陆地和海洋。它分为许多层。风、雨等天气现象主要发生在最靠近地球表面的一层。**天气（weather）**是指某时某地大气中发生的各种气象状况。

气温

假如朋友问你：“今天天气怎么样？”你可能会告诉他今天的气温如何。**温度（temperature）**是描述物体冷热程度的物理量。**温度计**是测量温度的工具。

图中的天气是怎样的？
你能详细描述一下吗？

太阳的能量加热地表。随着地表温度的升高，地表上空的空气被加热。正午时分，太阳对地表的加热效果最好，此时地表上空的空气也就比清晨和傍晚更热。这样，气温始终都处于变化之中，白天通常要比晚上温度高一些。

快速检测

预测 今天的气温会怎样变化？

批判性思维 怎样才能知道校园里一天的气温变化有多大？

测量气温

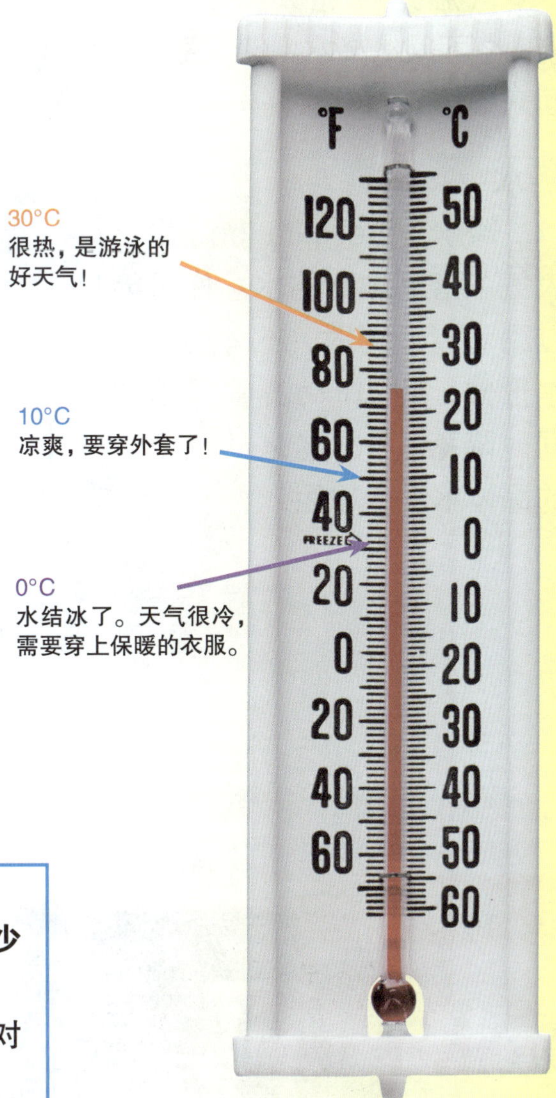

读图

图中温度计上显示的温度是多少摄氏度？

线索 注意看温度计液柱顶部对应的刻度。

如何描述天气？

气温是描述天气的一项因素，也可以从降水、风、气压等方面来描述天气。

降水

降水（precipitation）是指从大气中落到地面的水。你可能见过雨和雪。同时，还有其他的降水形式。比如，**雨夹雪**是雨和雪同时降落，而**冰雹**是从空中降落的固体水——冰团。

▲ 有的冰雹和手表表盘差不多大，但也有可能比高尔夫球还大！

观测天气的工具

雨量器是用来测量降水量的。▶

风向标是用来测定风向的。▶

风

你被流动的空气推动过吗？**风（wind）**就是流动的空气。在大风的天气里，空气流动得比较快；在几乎无风的天气里，空气流动得比较慢。我们可以使用特殊的工具来测量风的方向和速度。

气压

空气不仅占据空间，它还有重量。它的重量压在地球上。**气压（air pressure）**是指空气压在一个物体上的力。它也影响着天气。

快速检测

预测 在非常冷的时候，哪种形式的降水更可能会出现？

批判性思维 假设现在外面下着雨夹雪，气温上升至0℃以上，会发生什么变化？

迷你实验

做一个风向袋

1. 把铁丝弯成一个直径约10 cm的圆。
2. 从废旧的长袖衬衫上剪下一只袖子。用订书钉把袖子的大开口钉在铁丝周围。剪一个小口，这样就可以把绳子一端绑在铁丝上。
3. 在绳子的对面固定一块石头。
4. **观察** 把做好的风向袋绑在相对开阔的区域，观察一天中风向袋的状况，并作记录。
5. **推理** 分析观察结果。现在，你对风有哪些认识？

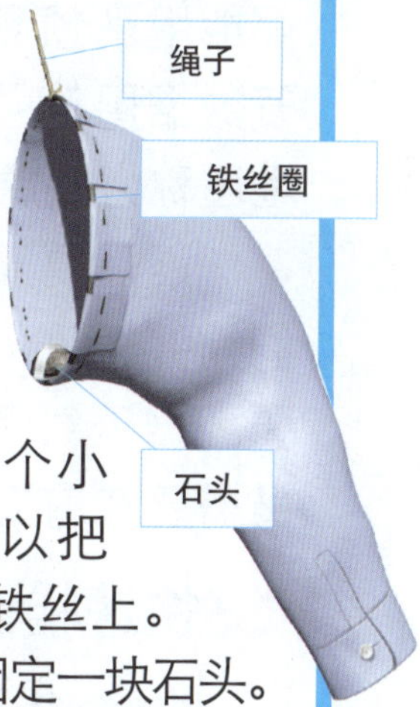

◀ **风速计**可以用来测量空气的流动速度。

气压计可以用来测量大气压强。▶

如何预测天气?

科学家运用特殊的工具来收集天气数据。气象气球收集有关大气的数据。气象卫星从太空对地球及其大气层进行观察。它们所收集到的数据都能用来预测未来的天气。科学家将收集到的天气数据用符号记录在地图上。记录着天气信息的地图称为气象图。

谁需要天气预报?我们每一个人都需要!我们需要根据天气预报来调整每天的着装;农民需要根据天气预报来规划播种和收获的时间;飞行员需要知道天气状况以确保飞行安全。

▲气象气球可用来收集有关大气的数据。

快速检测

预测 气压低意味着要下雨,那气压高意味着什么呢?

批判式思维 哪些人需要天气预报?为什么?

读 图

纽约今天天气怎样?

线索 找到纽约,然后看气象符号。

气象图

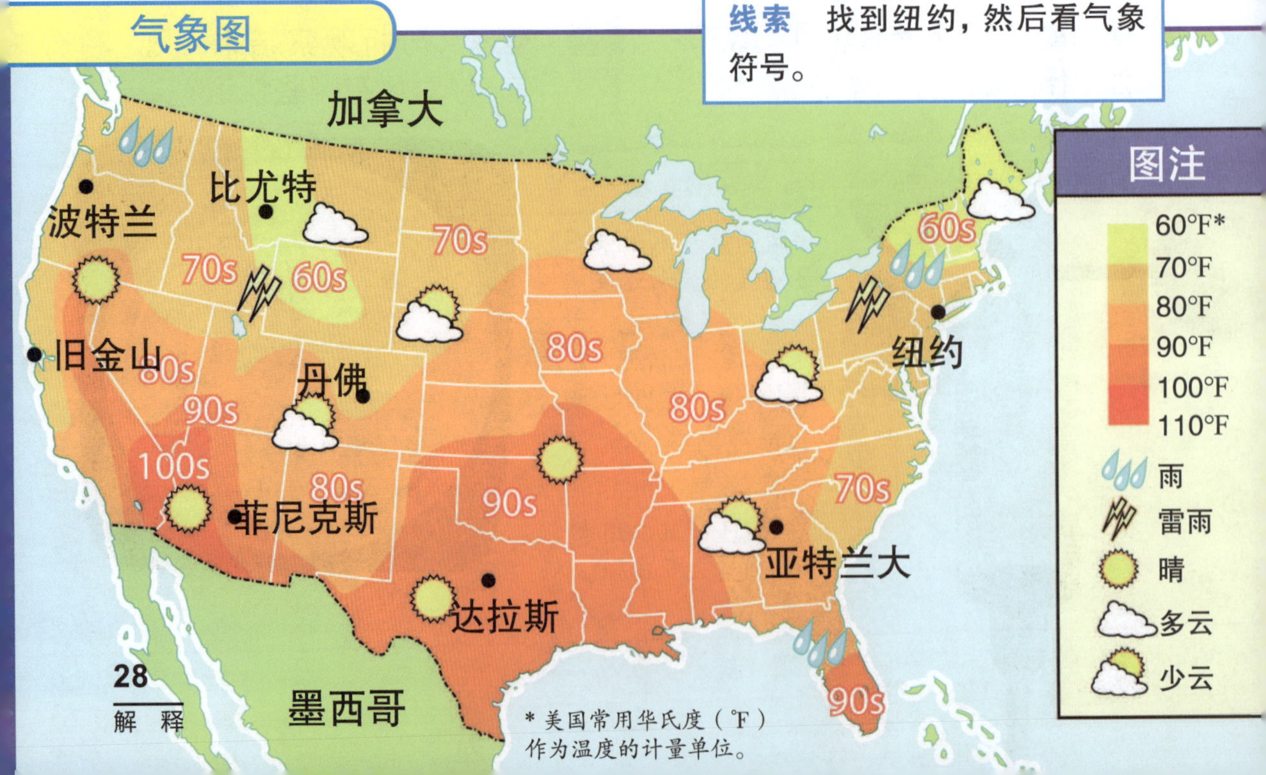

* 美国常用华氏度(℉)作为温度的计量单位。

课后回顾

摘要

天气是指某时某地大气中发生的各种气象状况。

你可以用气温、降水、风和气压来**描述天气**。

收集的天气数据可以帮助人们**预测天气**。

制作 **折叠式学习卡**

制作折叠式学习卡来总结所学的天气知识。

想一想，说一说，写一写

1 **词汇** 什么是降水？请举例说明。

2 **预测** 假设现在的气温是21℃，天空中乌云密布。你认为会出现什么形式的降水？

我的预测	实际发生的

3 **批判性思维** 为什么天气预报有时候会不准？

4 **测试** 下列哪项工具可以用来测量温度？

A 气压计。

B 风速计。

C 温度计。

D 风向标。

5 **基本问题** 如何预测天气？

数学链接

比较数字

看天气预报了解你所在地区今天的最高气温和最低气温，持续三天做好记录。这三天里哪天最热？哪天最冷？

艺术链接

画天气

观察早上的天气，画出你的观察结果。注意在画上注明日期和时间。请再观察并画出下午的天气，同样注明日期和时间。这一天里天气发生变化了吗？发生了什么变化？

聚焦技能

探究技能：解释数据

你注意到了吗？某些月份比其他月份更温暖或更潮湿。年复一年，都是如此。科学家是怎么发现的呢？其中一种方法就是分析前几年的数据。

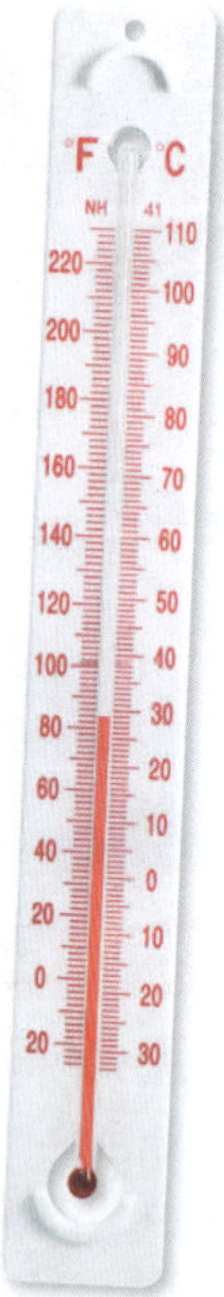

▶ 学习

解释数据时，你将用所收集的数据来回答或解决问题。把数据做成表格或图表，会更方便解释数据——这样做能够让你更快地发现数据的特点。

▶ 尝试

科学家收集了 A 地的气温数据，使用这组数据计算出这个地方一年中每个月的平均气温。A 地每月的平均气温如下表所示。你也可以自己尝试组织和解释数据，得出自己的结论。

平均气温（单位：℃）

一月	二月	三月	四月	五月	六月	七月	八月	九月	十月	十一月	十二月
5	7	12	16	21	24	26	26	23	17	18	7

你可以先把数据做成柱状图，再来解释数据。

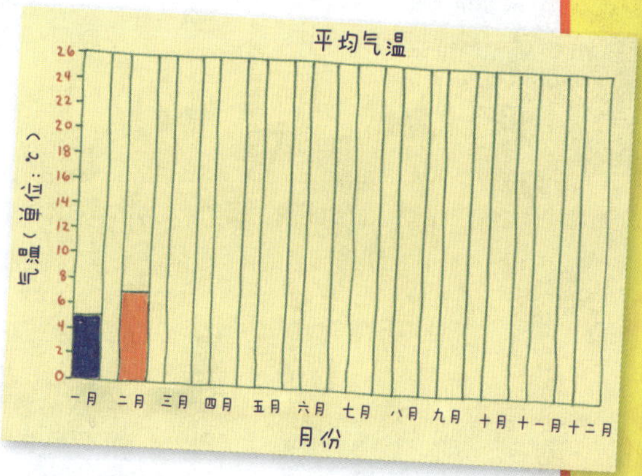

1. 在横轴上按时间顺序列出十二个月，并写下横轴名称。
2. 在竖轴上标注出温度，写下数字 0、2、……至 26，并写下竖轴名称。然后命名你的柱状图。
3. 根据数据画出每个月的柱形。
4. 现在回答问题：哪个月最热？哪个月最冷？

▶ 应用

现在，由你来收集并解释数据。测量学校里每个小时的气温，从早上 9 点到下午 2 点。绘制表格，记录数据，并以此做成柱状图。

用柱状图来解释数据。什么时候温度最高？什么时候温度最低？

第2课

水循环

看一看，想一想

雨从天上来。那天上的雨水又是从哪里来的呢？

探究活动

雨滴是如何形成的?

目标

了解雨滴是如何形成的。

活动步骤

1. 在一个干净的塑料瓶中装入约四分之一的温水。
2. 用塑料薄膜封住瓶口，再用橡皮筋把塑料薄膜固定住。把弹珠放在塑料薄膜的中央。
3. **建立模型** 在塑料薄膜上面放一些小冰块，这样你就建立了一个地球的模型。温水代表湖泊，它上方的空气代表大气层。
4. **推理** 持续观察塑料薄膜的底部几分钟，那里出现了什么状况？你认为这个情况是什么原因造成的？

步骤 2

得出结论

5. **推理** 天上的雨水是从哪里来的？

进一步探究

拓展实验 如果用冷水代替温水，会出现什么状况？试一试吧。

材料

干净的塑料瓶

温水

塑料薄膜

橡皮筋

弹珠

小冰块

步骤 3

读一读，学一学

基本问题

水到哪里去了？

词汇

云
蒸发
水蒸气
凝结
水循环
龙卷风
台风
暴风雪

阅读技能

比对和对比

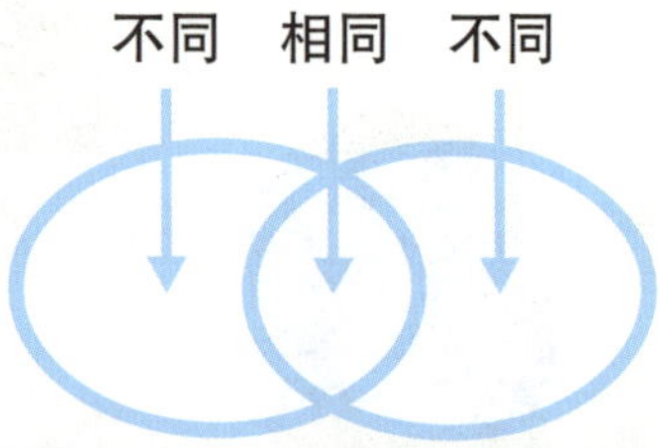

层云像一层层的毯子。

什么是云？

今天的天空中有云吗？云（cloud）是在空中悬浮的由小水滴、小冰晶聚集形成的物体。云有不同的种类。降水是从云中落下的，但是并不是所有的云都会带来降水。

层云

*层云*是一种低云，云体均匀成层。它们的颜色或灰或白，有的层云会带来降雨或降雪。

真相 雨滴的形状像汉堡顶部的面包片，有着圆形的顶部和扁平的底部。

卷云

卷云是一种薄薄的、稀疏的高云，通常在晴天可以看到卷云。如果看到了卷云，就意味着大约一天后可能会出现降水。

积云

积云是由空气对流、水汽凝结而形成的，通常在晴天可以看到。如果它的颜色变暗，则可能会有雷阵雨。

▲ 卷云有时被称为“马尾巴”。

快速检测

比对和对比 卷云和积云有什么不同？

批判性思维 如果今天你看到了卷云，那么明天天气可能会怎么样？

积云外表蓬松，像一团团的棉絮。▼

雾是靠近地球表面的一种层云。

云是如何形成的？

如果你曾在雾中漫步就会知道，雾给人的感觉是很潮湿的。雾是靠近地球表面的一种层云。和其他的一些云一样，雾也是由小水滴组成的。

小水坑中的水蒸发成水蒸气。▼

蒸发

雾和云中的水都来自地球表面——甚至来自不起眼的小水坑。下雨后，地上会出现小水坑。第二天，小水坑里的水看起来消失了。实际上，小水坑里的水并没有消失，它只是蒸发了，变成了气体。这种物质由液态变成气态的过程叫作**汽化（evaporation）**。气态的水叫作**水蒸气（water vapor）**。我们看不见水蒸气，但它却实实在在围绕在我们周围。

迷你实验

瓶中的云

1. **建立模型** 在空瓶中装上半瓶温水，盖上金属盖子。在盖子上放上小冰块，等一会儿。

2. **观察** 关上灯、拉上窗帘使房间变暗。用手电筒照亮瓶子。你看见了什么？它是由什么组成的？
3. **推理** 云是从哪里来的？

凝结

你见过窗户内侧的小水滴吗？这种小水滴是空气中的水蒸气遇到更冷的窗户形成的。气体遇冷而变成液体的过程叫作凝结（condensation）。

云的形成也和凝结有关。水蒸气升入高空时遇冷凝结成小水滴或凝华成小冰晶，并围绕着空气中的尘埃微粒聚集起来，这就形成了云。

▲水蒸气遇冷凝结成窗户上的小水滴。

快速检测

比对和对比 凝结与蒸发有什么不同？

批判性思维 土壤中的水分蒸发了吗？请说明原因。

什么是水循环？

水从地球表面进入大气层中，最后又回到了地球表面。没有这样的过程，地球表面上很快就会没有水了！通过水循环（water cycle），水在地球表面和大气层之间不断循环。

没有太阳，就没有水循环。来自太阳的能量加热水，使其变成水蒸气，水蒸气凝结和凝华形成云，再以降水的形式回到地面上。

降下的水可能会渗入地下，形成地下水。也可能在地球表面上流动，水往低处流，汇聚在一起。有些水又蒸发为水蒸气，于是新一轮的水循环就开始了。

快速检测

比对和对比 在水循环中，水变成水蒸气后有什么变化？

批判性思维 水循环为什么称为循环？

降水

云朵中的小水滴、小冰晶彼此结合增大形成雨滴、雪花等，以降水的形式回到地球表面。降水的形式有雨、雪、雨夹雪或冰雹。

水流动

有些降水留在了地球表面，它们从高处往低处流，流进了湖里、河里和海洋里。有些渗入地下，地下水能在岩石孔隙中流动。

读　图

降水后还会发生什么？

线索 看箭头，阅读说明文字。

极端的天气

大多数时候，水循环会带来适量的雨和雪。但是，如果你曾遭遇过台风天气，你就会明白，天气也会变得很可怕。台风天气中，有狂风暴雨，还可能有冰雹、雷电。台风天气只是极端天气中的一种。

龙卷风

龙卷风（tornado）是大气中最强烈的涡旋现象，它是在地表上形成的不停旋转的风。它看起来像一个又大又高的漏斗。龙卷风所到之处，大多数物体都会被破坏。

◀ 有的龙卷风风速超过每秒 100 米，直径达 1.6 千米以上。

真相 有些国家每年遭遇的龙卷风的次数比遭遇台风的次数还要多。

从太空中看，台风是这样的。

▲台风是一种强烈的热带气旋，其风速可高达每秒 40 米。

台风

台风（typhoon）是一种带有强风和大雨的大风暴。它在海洋上形成。

台风在陆地上移动时，风雨会造成财产损失。树会被吹倒，也会引发洪涝灾害。

暴风雪

暴风雪（blizzard）是一种会带来大量降雪、低温和强风的风暴。它能把植物、汽车和建筑物都埋在雪下。

▲暴风雪的强风会吹起雪花，让人难以看清物体。

快速检测

比对和对比　龙卷风、台风和暴风雪有什么相同之处？

批判性思维　台风天气会如何影响我们的生活？

在极端的天气里，如何加强自我保护？

极端的天气可能会对人身造成伤害，及时采取科学的防范、规避措施，才能有效减少危险的发生。

雷雨天气时，不要站在树下，避免使用电话、电脑或其他电子设备。请待在有防雷设施保护的建筑物里。

暴风雪天气时，请尽量待在温暖的建筑物里。如果你必须到室外去，请穿上保暖的衣服。

如果遇到台风或龙卷风，请待在室内并远离门窗。龙卷风来临时，请到地下室去。如果一时去不了地下室，就平躺在低矮的地方。

快速检测

比对和对比　在台风、龙卷风和雷雨的天气里，你应该怎样自我保护？

批判性思维　暴风雪天气时，在室外会发生什么？

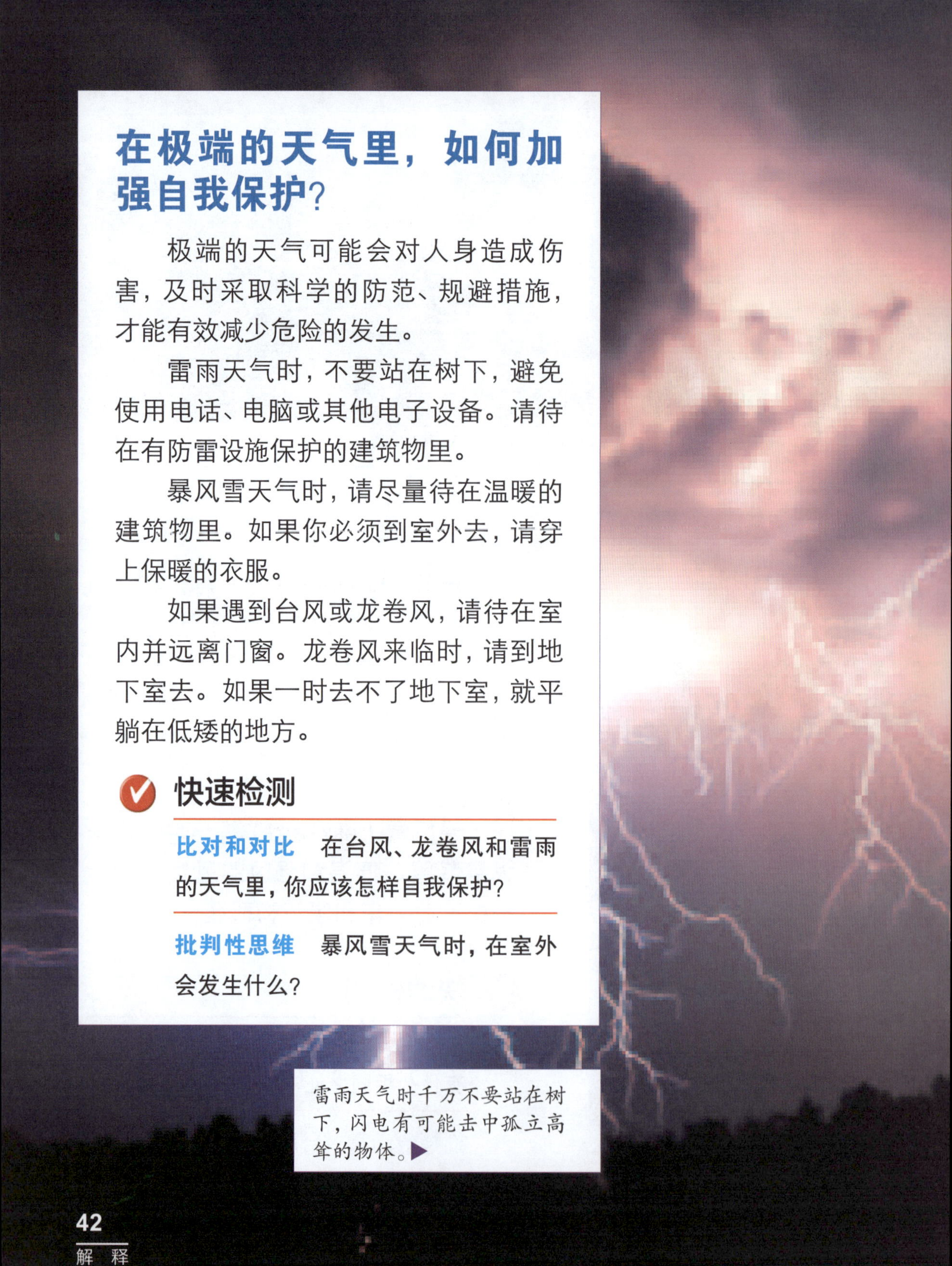

雷雨天气时千万不要站在树下，闪电有可能击中孤立高耸的物体。▶

课后回顾

摘要

云有很多种，不同种类的云预示着不同类型的天气。

空气中的水蒸气凝结成小水滴或凝华成小冰晶，与尘埃微粒聚集起来，就形成了云。

水循环描述的是水如何在地球表面和大气层之间运动。

制作 折叠式学习卡

制作折叠式学习卡来总结你所学到的水循环的知识。

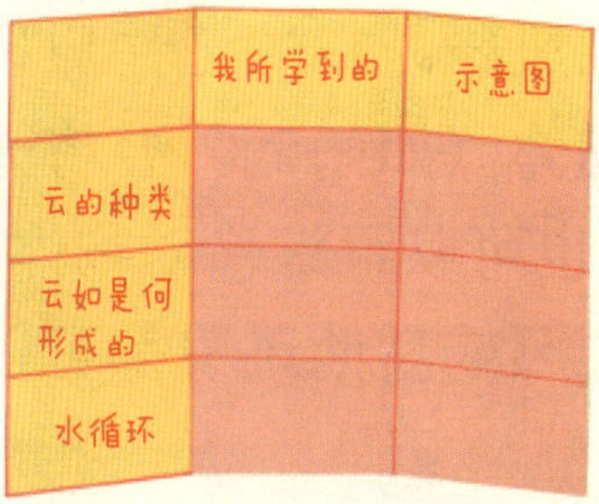

想一想，说一说，写一写

1 **词汇** 在大气中，以气体形式存在的水叫什么？

2 **比对和对比** 蒸发和凝结有哪些异同？

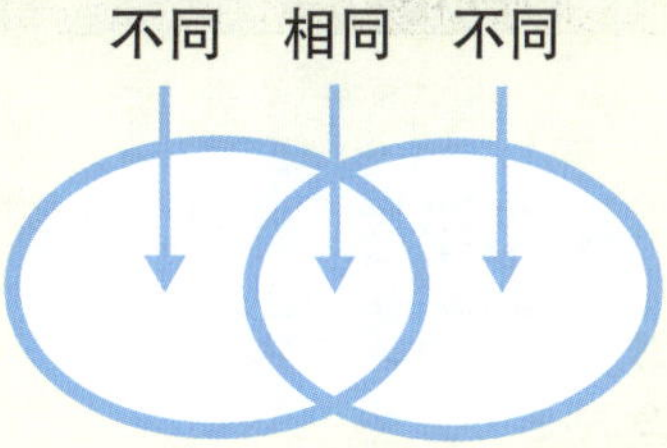

3 **批判性思维** 你观察到的水循环是怎样的？

4 **测试** 下列哪种极端的天气不会在夏季出现？

A 雷雨天气。 B 暴风雪。

C 台风。 D 龙卷风。

5 **基本问题** 水到哪里去了？

写作链接

写一篇报告

我国的一些地区遭受台风次数比其他地区多。找出哪些地区台风最多，在报告中试着说明这是为什么。

健康链接

设计安全保障措施

选择一种极端的天气，写一份公共安全通知，告诉人们如何在这种恶劣的天气里保证自身安全。

追踪龙卷风

龙卷风几乎能摧毁所到之处的任何物体。因此，科学家需要收集有关龙卷风的信息，以帮助预测龙卷风的发生。

首先，科学家观测天气，看某个地区是否具有形成龙卷风的条件。当靠近地表温暖潮湿的空气与上方凉爽干燥的空气混合并迅速上升时，龙卷风就会发生。

可以用多普勒雷达来追踪风暴。它的工作原理是发射无线电波，空气中的物体（如雨滴）会将无线电波反射回来。多普勒雷达也可以跟踪移动物体，得到它们的方向和速度。龙卷风或其他风暴都可以利用多普勒雷达来进行监测。

被称为风暴追逐者的人们可以从飞机或汽车上近距离观察龙卷风。他们收集信息，在龙卷风袭击社区前向当地的居民发出警报。

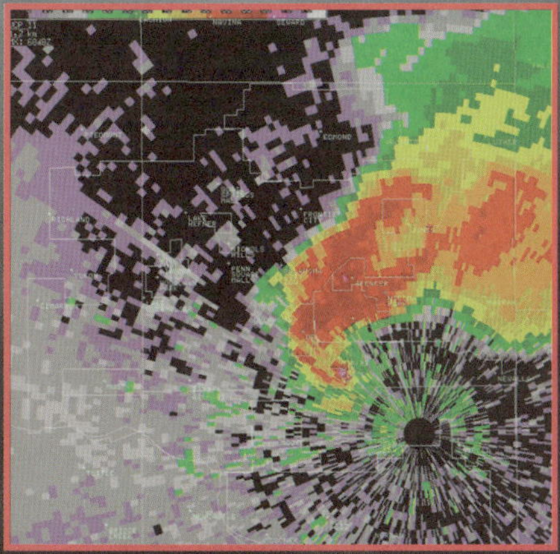

多普勒雷达被用来监测龙卷风。

风暴追逐者收集的信息可以用来向公众发出风暴准确位置的预警。

预测

如果希望能做出更准确的预测，你就应该使用所知道的知识来进行推测。

写作

预测　如果没有风暴追逐者会怎么样？如果没有预测风暴的技术会怎么样？写一写会发生什么。

第3课

气候和季节

看一看，想一想

兰花在温暖、潮湿的地方生长。你生活的地方适合兰花生长吗？

探究活动

如何比较气温和降水量？

目标

学习如何比较两个城市的气温和降水量。

活动步骤

1. 看看表格中的数据，它们说明了什么？
2. **运用数字** 两个城市的最高和最低气温分别是多少？哪个城市的气温变化比较大？两个城市一年的降水量分别是多少？

平均气温（单位：℃）

城市	一月	二月	三月	四月	五月	六月	七月	八月	九月	十月	十一月	十二月
A	−6	−3	3	9	15	21	23	22	18	12	4	−2
B	25	25	25	25	27	28	28	30	30	30	27	26

平均降水量（单位：mm）

城市	一月	二月	三月	四月	五月	六月	七月	八月	九月	十月	十一月	十二月
A	50	25	76	101	76	101	101	101	101	50	76	50
B	254	254	355	381	254	152	254	254	228	228	381	304

得出结论

3. **解释数据** 如何比较不同城市的气温和降水量？
4. **推理** 这两个城市中哪个更适合种植兰花？为什么？

进一步探究

解释数据 你所在的地方每月的平均气温和降水量是多少？你如何能找到相关数据？

读一读，学一学

基本问题

天气是如何变化的？

词汇

气候

球体

轴

季节

阅读技能

总结

总结

什么是气候？

你所在地方的天气可能每天都在变化，但气候不会。气候（climate）是指一个地区经过多年观察所得到的概括性的气象综合状况。气候可以用平均气温和平均降水量等来描述。

有些地区的气候又热又干；有些地区的气候则又热又湿；有些地区的气候寒冷干燥；还有一些地区的气候多变——一年内的不同时间里，它们或热、或冷、或干、或湿。

不同的气候

太阳的光线

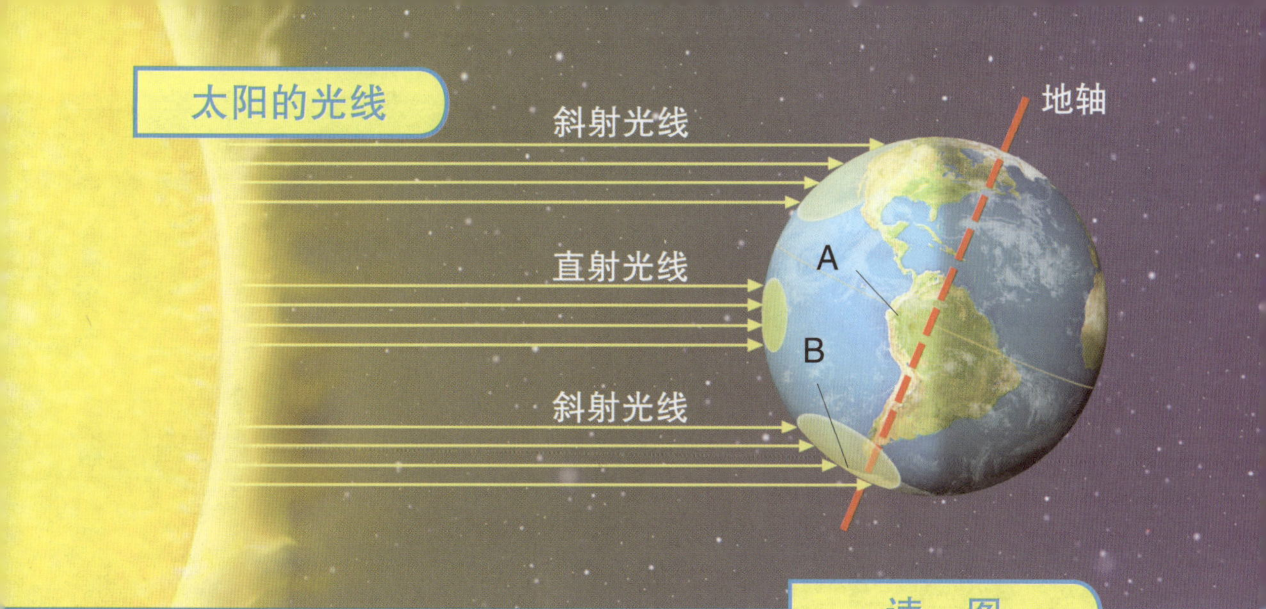

一个地区的气候取决于它在地球上的位置。地球的形状像一个**球体（sphere）**，地球绕地轴自转。**轴（axis）**是指穿过旋转物体中心的线。地轴不是垂直的，它有点倾斜。

由于地球的形状和倾斜程度，太阳光照射在不同地方的情况也不同。太阳光几乎垂直地照射到地球上的某些地方，这些地方获得了更多的太阳能，于是当地的气候往往比较温暖；还有一些地方得不到阳光的直射，这些地方的气候往往比较寒冷。

读 图

A和B哪个地方气候更温暖？为什么？

线索 看一看，哪个地方可以得到阳光的直射。

快速检测

总结 为什么有些地方气候更加温暖？

批判性思维 天气和气候有什么关系？

美国西雅图市靠近海洋，那里的气温比远离海洋的地方更温和，降水量也更多。

美国布雷肯里奇市位于落基山脉的高处，那里的气温很低。

哪些因素会影响气候？

我们刚刚了解了太阳是如何影响气候的。如果附近存在较大的水体（如海洋或大湖），当地的气候也会受到影响。海洋使附近陆地的气温不会变得太高或太低。靠近海洋的地方比远离海岸的地方气候更加温和。

海拔也会影响气候。海拔越高，气温越低。一般来说，山区的气温比平原要低。

山脉也影响气候。有时候，山的一侧湿润，另一侧干燥。来自海洋的潮湿空气沿着海岸向山区移动。群山使潮湿空气上升，上升的空气形成了云，可能会下雨或下雪。这就导致了山脉靠近海洋一侧的地方气候潮湿。

美国的**死亡谷**是一个干燥的地方，山脉使潮湿的空气无法到达这里。

吹过山脉的空气是干燥的，这是因为空气在山脉靠海洋的一侧失去了水分。这就使得山的另一侧气候干燥。

迷你实验

比较气候

1. **建立模型** 在一张纸上分别写上“城市A”和“城市B”。用手电筒模拟太阳。把手电筒举在城市A上方 6 cm 处，垂直照射。让一个同伴用铅笔沿着光的边缘，画出光的轮廓。

2. **建立模型** 重复步骤1，这次把城市A换成城市B。这一次，让手电筒的光斜射。
3. **解释数据** 哪个城市的光斑的面积更大？哪个城市得到的太阳能量更多？
4. **推理** 哪个城市的气候可能更冷？

快速检测

总结 山脉是如何影响气候的？

批判性思维 如果本地的一个大湖突然消失了，当地的气候会发生什么变化？

四季

一年有四个季节——春、夏、秋、冬。**季节（season）**是每年循环出现的一段有特点的时期。冬季是最冷的季节，夏季是最热的季节。在下一章，你会了解为什么不同季节的气候会如此不同。

每个季节的气候是什么样的取决于你所处的位置。黑龙江的冬季和海南的冬季不一样。对于这两个地方来说，冬季仍然是最冷的季节。但是，每个地方冬季的温度是不同的。

▲在海南省的三亚市，冬季不是很冷，几乎不会下雪。

快速检测

总结　什么是季节？

批判性思维　为什么黑龙江的冬季比海南的冬季冷？在地球仪上找找这两个地方。

在黑龙江的哈尔滨市，冬季寒冷多雪。

真相　动物通常是无法预测季节的。

课后回顾

摘要

气候是一个地区经过多年观察所得到的概括性的气象综合状况。

较大的水体、山脉和海拔都会**影响气候**。

不同地方的季节也有所不同。

制作 **折叠式学习卡**

制作折叠式学习卡来总结所学的气候和季节的相关知识。

想一想，说一说，写一写

1 **词汇** 季节的定义是什么?

2 **总结** 有哪些不同类型的气候?

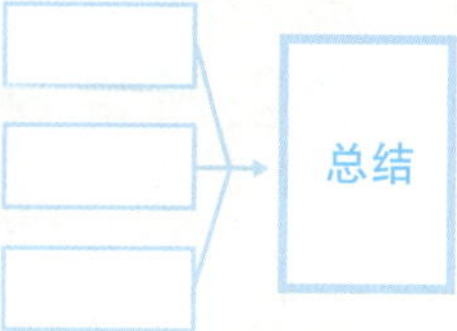

3 **批判性思维** 你会如何描述你老家的气候?

4 **测试** 下列哪个选项用来描述靠近海洋地区的气候最合适?

A 炎热。

B 寒冷。

C 干燥。

D 湿润。

5 **基本问题** 天气是如何变化的?

数学链接

解决问题

一年有四个季节。每个季节的月数都差不多。每个季节有几个月? 解释一下，你是怎么找到答案的。

音乐链接

找一首关于季节的歌

想一首让你想起气候或季节的歌，写出这首歌中与季节气候有关的歌词。

关于季节的神话

神话传说一般是流传于民间的故事。许多神话试图解释我们自然界中事情是如何发生的，或为什么会发生。例如，有些神话告诉我们季节是如何形成的。

美国塞内卡地区流传着一个神话故事，说的是冬爷爷使世界变得寒冷，变成了冰雪世界。小春天和他的朋友小鹿，把冬爷爷送走了。小鹿代表温暖的南风。他们一起融化了冬爷爷带来的寒冬。春天里，花朵和动物们又回来了。

提示

如何写出一个好故事？

- 有开头、经过和结果。
- 有一个需要解决的问题。
- 有情节、角色和情节发生的地点。
- 角色之间往往有互动。

写作

故事写作　写一写你自己想象的关于季节是如何形成的故事。用动物作为故事中的角色。注意提示中的内容。

平均气温

天气预报会预报每天的最高气温和最低气温。你可以借此算出平均气温。下面的表格展示了三个城市某个暮春的最高气温和最低气温。

城市	最高气温	最低气温
黑龙江省哈尔滨市	16℃	4℃
浙江省杭州市	20℃	12℃
海南省三亚市	33℃	24℃

提示

- 首先，把所有数字加起来。
- 接着，除以相加的个数。
- 杭州的平均气温：
平均气温是16℃。

实践

哈尔滨的平均气温是多少？三亚的平均气温是多少？

杭州的春天。

第1章 复习和测试

摘要

第 1 课　天气是某时某地的大气中发生的各种气象状况，能够从温度、降水等方面进行描述。

第 2 课　水循环中，水在地球表面和大气层之间运动。

第 3 课　不同的地方有不同的气候。

制作 折叠式学习卡

如下图所示，把你的折叠式学习卡粘在一张纸上，用它来回顾本章所学内容。

词　汇

DOK 1

用下列词语填空。

大气层	降水
气候	季节
云	温度
凝结	水循环
蒸发	天气

1. 冬、春、夏、秋都是________。
2. 某时某地大气中发生的各种气象状况叫________。
3. 从大气中降落到地面的水叫________。
4. 液体变为气体的过程叫________。
5. 气体变为液体的过程叫________。
6. 在地球表面和大气层之间的水的运动叫________。
7. 某地长期以来的气象综合状况叫________。
8. 围绕覆盖地球的气体叫________。
9. 层云、卷云和积云都称为________。
10. 温度计是用来测量________的。

科学技能和科学概念

DOK 2-3

回答下列问题。

11. 预测　今天没有下雨，但是能看见低低的、像分层的毯子一样的乌云。接下来的天气会怎样变化？说说你的理由。

12. 写作　假设你是小水坑里的一滴水，写一个关于你在水循环中旅行的故事。

13. 解释数据　读表。A 市和 B 市分别在山的两侧，山脉靠近海洋。哪座城市在靠近海洋的那一侧？你是怎么知道的？

城市	平均降水量
A	740 mm
B	310 mm

14. 批判性思维　地球上哪个地方最冷？你是怎么知道的？

15. 批判性思维　人们从池塘和湖泊中取水，为什么它们没有干？

16. 制作模型　设计一个雨量器，解释它的工作原理。

17. 下图所示的是什么云？你觉得这个时候的天气状况如何？

18. 判断正误　气压计可以测量温度。这个说法是否正确？为什么？

19. 下表显示了四天的天气，哪天可能下雪了？

日期	云层状况	温度
1	无云	－1℃
2	多云	－2℃
3	少云	－3℃
4	多云	12℃

大概念

20. 你生活的地方，一年中的天气是怎样变化的？

表现性评价

DOK 1

天气与生活

制作一张关于你记得的极端天气事件的海报，例如台风或暴风雪。

- 你怎样描述那天的天气？可怕吗？天气有没有造成伤害？你家停电了吗？

- 把你的极端天气海报展览在你们班的公告板上。记得在图片旁边写几句话来描述那天天气怎样影响了你的生活。

测 试

1 下列哪项工具是测量气压的？
DOK 1

A 

B 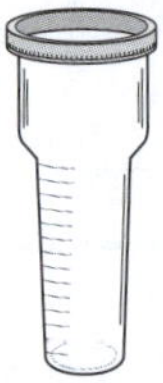

C 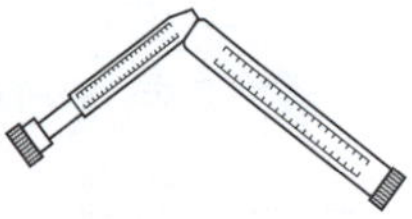

D 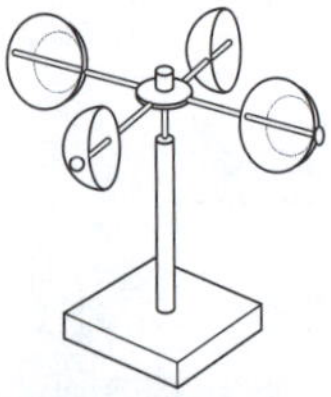

2 下列哪项工具可以测量风速？
DOK 1

A 风向标。
B 气压计。
C 温度计。
D 风速计。

3 雨后，有的雨水渗入土壤中会成为什么？
DOK 1

A 水蒸气。
B 地下水。
C 海水。
D 雨夹雪。

4 仔细观察下图。如果图中的云变暗，你预测会出现什么样的天气？
DOK 2

A 晴。
B 多雨。
C 干燥。
D 多雾。

5 某时某地大气中发生的各种气象状况叫作什么？
DOK 1

A 气压。
B 大气层。
C 天气。
D 温度。

6 请仔细阅读下表。

城市	一月平均气温	平均降雪量
亚特兰大	6℃	66 mm
纽约	－4℃	2377 mm
伯灵顿	0℃	408 mm
洛杉矶	12℃	5 mm

表中哪个城市气候相比之下最暖和？

DOK 2

A 亚特兰大。

B 纽约。

C 伯灵顿。

D 洛杉矶。

7 有的树木在寒冷、干燥的冬季靠落叶来保持水分。你最可能在下列哪个地方找到一棵这样落叶的树？

DOK 2

A 索诺兰沙漠。

B 三亚。

C 哈尔滨。

D 里约热内卢。

请根据水循环的相关知识回答8～10题。

8 水是如何在水循环中运动的？请在你的回答中使用蒸发、凝结和降水这三个词。

DOK 2

9 比对和对比水循环中的步骤1和步骤2。

DOK 3

10 日出以后，蒸发会受到怎样的影响？

DOK 2

检　查

问题	对应页码	问题	对应页码
1	26～27	6	48～49
2	26～27	7	48～49
3	38～39	8	36～39
4	34～35	9	38～39
5	24	10	38

第2章

行星，月球和恒星

大概念

天空中有哪些星体在运动？它们是怎么运动的？

基本问题

第1课

太阳是如何影响地球的？为什么会有昼夜更替、四季变化？

第2课

你了解月球的哪些知识？

第3课

地球与太阳系中的其他天体有什么异同？

第4课

夜空中能看到什么？

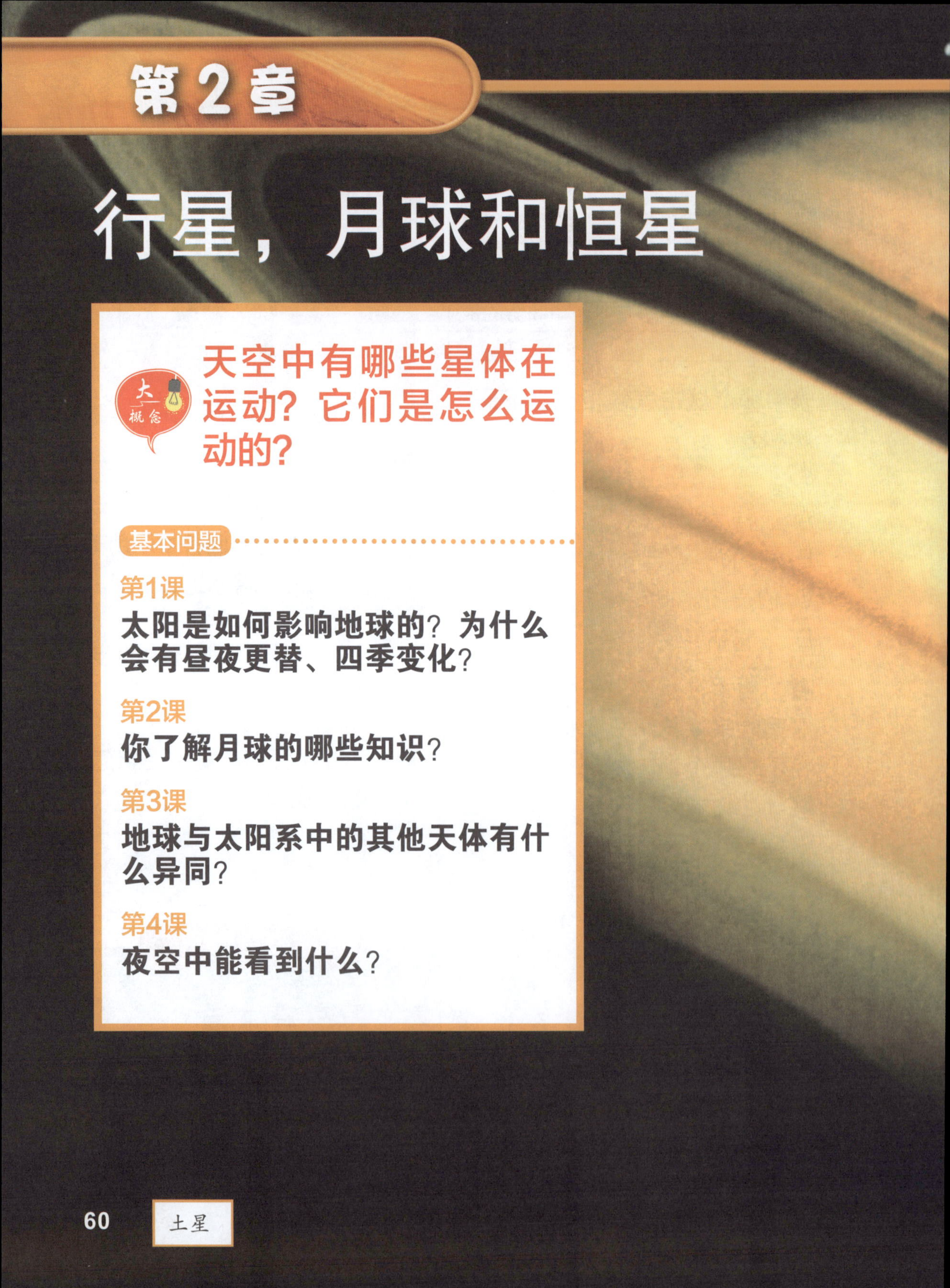

土星

核心词汇

自转 天体绕着自己的轴旋转。

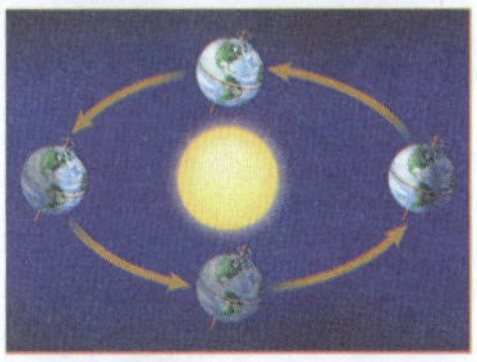

公转 一个天体绕着另一个天体转动。

月相 我们看到的月球表面发亮部分的形状。

太阳系 由太阳和围绕它运转的天体组成的系统。

行星 围绕恒星运转、本身不发光、由岩石或气体组成的近乎圆形的大天体。

星座 组成图画的一组恒星。

第1课

太阳和地球

看一看，想一想

太阳似乎是从这棵树后面升起的。树挡住了阳光，形成了长长的影子。你知道一天中的影子是如何变化的吗？

探究活动

一天中，影子有怎样的变化？

做出假设

太阳在空中的位置会怎样影响影子的长度，又会怎样影响影子的位置？写下你的假设。

验证假设

1. 在一个阳光明媚的早晨，两人一组在户外进行这个实验。首先，用粉笔在人行道上画一个“X”。
2. 让你的组员站在“X”上，用粉笔描出组员的影子。
3. **测量** 用卷尺测量影子的长度。注意观察太阳和影子的位置，把你的观察结果记录在表格中。

   ⚠ **小心！不要直视太阳。**
4. **观察** 在正午和下午重复步骤 2 和步骤 3。太阳和影子的位置是如何变化的？

得出结论

5. **解释数据** 什么时候影子最短？什么时候影子最长？太阳的位置是如何变化的？
6. **推理** 导致影子长度和位置变化的原因是什么？

进一步探究

怎样才能知道哪个月太阳在天空中的位置最高？哪个月最低？

材料

粉笔

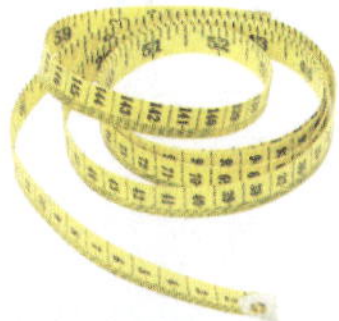

卷尺

步骤 3

时间	影子的长度和位置	太阳的位置
早晨		
正午		
下午		

读一读，学一学

基本问题

太阳是如何影响地球的？为什么会有昼夜更替、四季变化？

词汇

自转

公转

轨道

恒星

阅读技能

排序

首先

↓

其次

↓

最后

是什么导致了昼夜更替？

当你阅读这本书的时候，你正在太空中运动。地球上所有的物体都在运动。地球在一刻不停地**自转**（rotate），就像太空中的一个巨大的陀螺。

地球自转时，我们看到太阳在天空中处于不同的位置。日出时，太阳出现在东方的天空。这个时候，太阳的位置很低，阳光会投下长长的影子；正午时分，太阳高高地挂在天空中，所形成的影子很短；日落时，太阳将会从西方落下，影子于是又变长了。太阳似乎在天空中移动，但实际上它并没有移动，是地球在动！

太阳在空中的位置

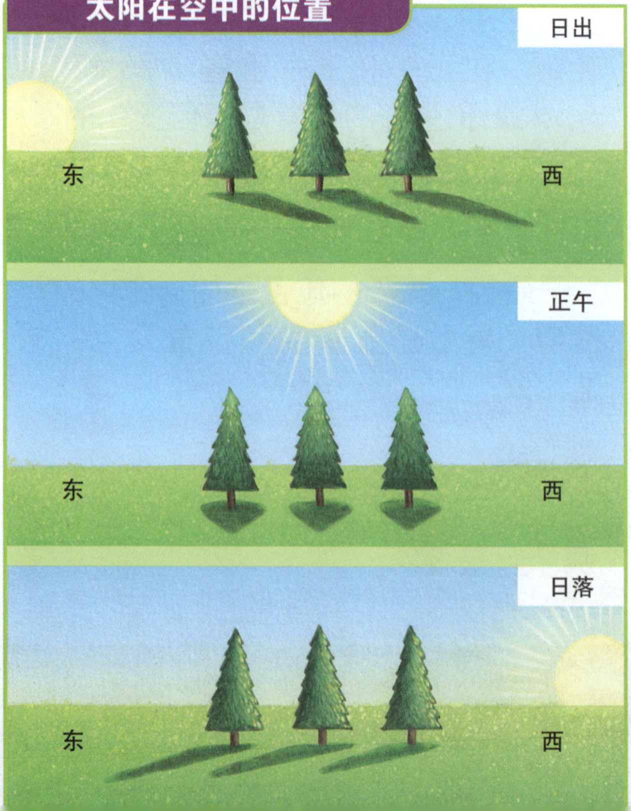

太阳看上去东升西落。对着图片看，你正面向南方。▶

白天和黑夜

地球的自转形成了昼夜更替。当地球自转时，地球面向太阳的一面是白天，背向太阳的一面就是黑夜。地球在不停地自转，因此，当一面变成了黑夜，另一面就变成了白天，这种变化持续不断。

地球绕**轴**自转一周需要24小时，也就是一**天**。一天就是白昼和黑夜的时间之和。

迷你实验

地球自转模型

1. **建立模型** 小心地将铅笔穿过泡沫球。这个泡沫球代表地球，铅笔代表地轴。把回形针插在球的侧面，回形针代表你。
2. **观察** 把手电筒的光照在回形针上。手电筒代表太阳。在模型上，哪里是白天？
3. **观察** 旋转铅笔，使得回形针远离手电筒的光，现在哪里是黑夜？
4. **解释数据** 这个模型可以说明什么？

快速检测

排序 太阳看上去在天空中是如何移动的？

批判性思维 如果地球不自转了，会发生什么？

是什么导致了季节的变化？

地球绕地轴自转，它同时也绕着太阳公转。**公转（revolve）**指的是某一个天体绕着另一个天体转动。地球按照一定的**轨道（orbit）**绕太阳旋转。地球绕太阳公转一周需要**一年**，也就是 365 天零 6 个小时。

在地球上的许多地区，一年有春、夏、秋、冬四个季节。为什么会有季节呢？这与地球倾斜的地轴有关。地轴倾斜意味着地球斜着身子绕太阳公转。因此，当**北半球**（地球的上半部分）向太阳倾斜时，北半球是夏季；与此同时，**南半球**（地球的下半部分）处于冬季。接下来，北半球倾斜着公转，迎来了冬季；与此同时，南半球则迎来了夏季。

北半球的四季

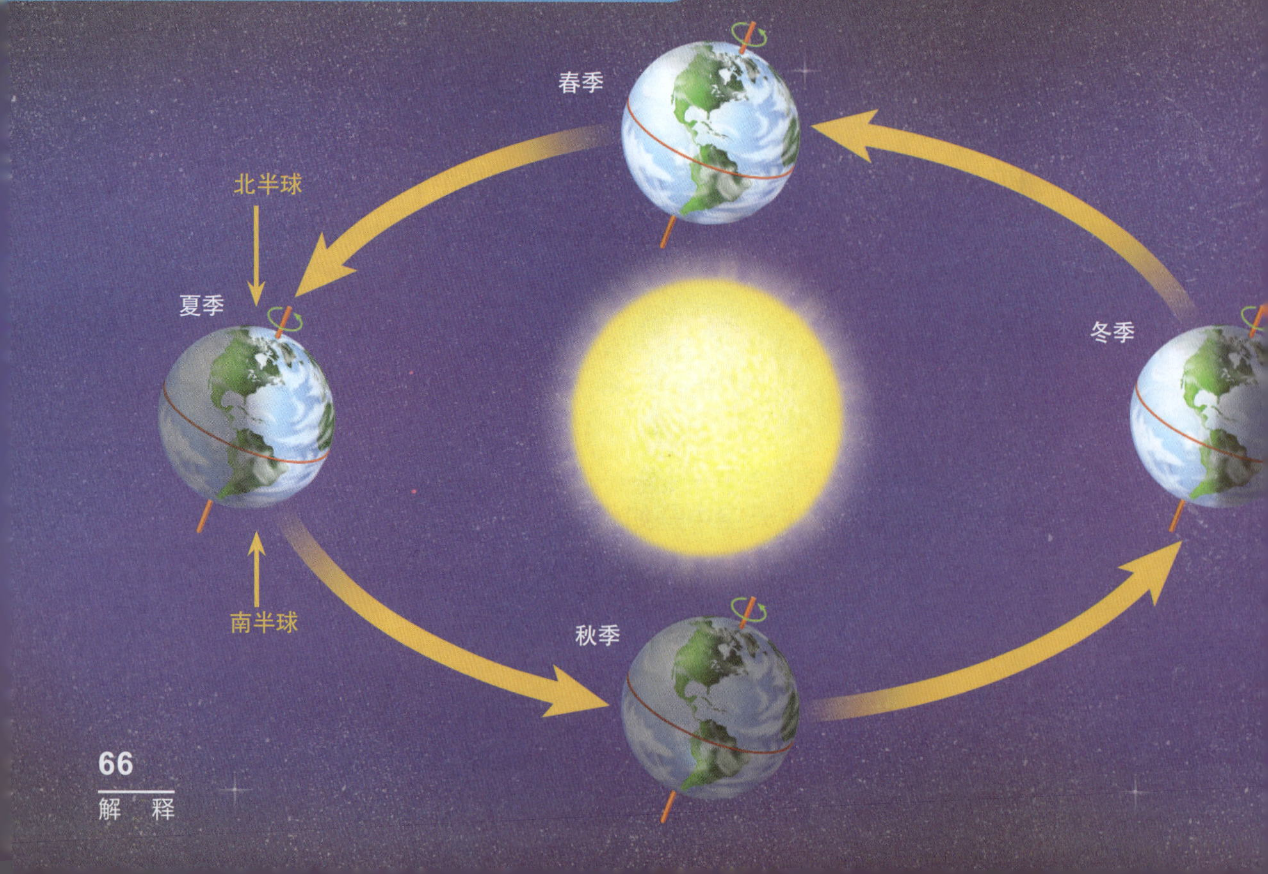

夏季，白天更长，从太阳那里得到了较多的光和热。这个季节的温度比其他季节都高。随着地球沿着公转轨道运行，白天会渐渐变短，气温也会渐渐降低——夏季过后，秋季就到来了。

冬季，白天变短了，从太阳那儿得到的光和热较少。这个季节的温度也比其他季节低。随着地球沿着公转轨道运行，白天渐渐变长了，温度逐渐升高，春天来了。

▲和其他生物一样，这棵树也经历了四季。

读　图

地球公转的时候，地轴的什么是不变的？

线索　比较图中不同季节时的地轴。

快速检测

排序　秋季之前是哪个季节？

批判性思维　如果地球绕太阳旋转得慢一点，季节会发生什么变化？

太阳是什么样的？

太阳是一颗恒星（star），它是由炽热气体组成的巨大的发光球体。太阳内部的温度大约是1500万摄氏度。它热得足以熔化地球！

太阳距离地球约1.5亿千米。如果你从地球日夜兼程地开车前往太阳，需要开至少160年的时间。即使太阳离地球那么远，它仍是地球上光和热的主要来源。没有太阳，地球上的生物就无法生存。

太阳上有时会发生猛烈的爆炸，日面局部突然增亮，发出大量的高能粒子。这种现象被称为太阳耀斑。▶

快速检测

排序 如果太阳光被阻挡不能照射到地球上，地球会发生什么变化？

批判性思维 人们能去太阳上旅游吗？为什么？

真相 太阳的圆面能并排放下109个地球。

课后回顾

摘要

地球绕着地轴自转，形成了**昼夜更替**。

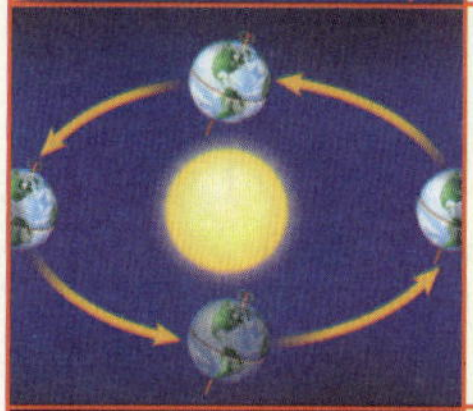

由于**地球公转**和地轴的倾斜，产生了季节的变化。

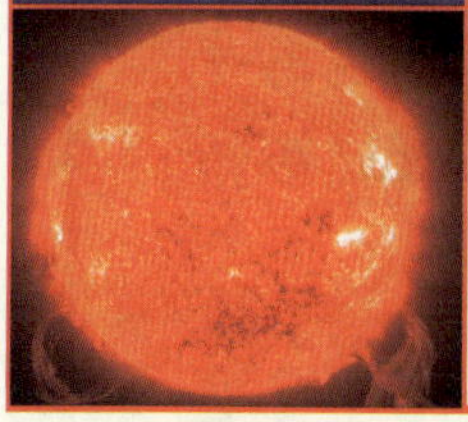

太阳是地球上光和热的主要来源。

制作 折叠式学习卡

制作折叠式学习卡来总结你所学到的有关太阳和地球的知识。

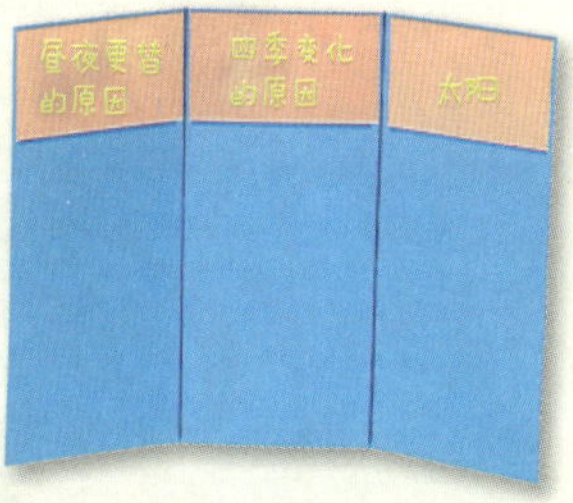

想一想，说一说，写一写

1. **词汇** 什么是恒星？请举例。
2. **排序** 南半球的季节是怎么变化的？

首先
↓
其次
↓
最后

3. **批判性思维** 如果地球的轴不是倾斜的，还会有季节的变化吗？
4. **测试** 为什么会有季节的变化？选择最佳答案。

   A 地球绕着地轴自转并围绕太阳公转。

   B 地轴有所倾斜，而且地球围绕太阳公转。

   C 地球围绕着太阳公转。

   D 地球与太阳之间的距离的变化。
5. **基本问题** 太阳是如何影响地球的？为什么会有昼夜更替、四季变化？

数学链接

使用日历

用日历找出下一个季节什么时候开始，日期是几月几日？离现在还有几天？

健康链接

安全地享受阳光

了解阳光对人类健康的影响。它什么情况下会对人类健康有害？人们怎样才能避免阳光的有害影响？写一份报告。

身边的季节

我们已经学习过了季节这个概念。现在，请想一想你所在的地方的四季是什么样的。那里四季分明吗？冬季下雪吗？夏天有多热？想想你在不同季节分别会做什么样的事情？

提示

如何写好记叙文？

- 从作者自身经历的角度入手。
- 描述作者的真实感受。
- 按事件顺序叙述事情，条理分明。

写作

写一篇记叙文 选择一个季节，写一写你在那个季节曾经做过的一件事。写明为什么你会记得这件事。做这件事的时候你的感觉如何？描述一下当时的天气。

小时与分钟的换算

夏季的白天比冬季的白天更长。美国波士顿的夏季和冬季白天的时长如下表所示。

提示

▶ 用小时的数字乘以小时内的分钟，1小时有60分钟。

举例：

$5\ \text{h} \times 60\ \text{min/h} = 300\ \text{min}$

波士顿最长和最短的白天

日期	白天的时长
6月21日	15小时
12月21日	10小时

实践

波士顿白天时长最长的时候有多少分钟？最短的时候有多少分钟？最长时和最短时相差了多少分钟？

第2课

月球和地球

看一看，想一想

今天的月球看上去和昨天的不同。这一周里月球会发生什么变化？月球的形状真的会变吗？

北京天坛祈年殿中秋夜景

探究活动

月亮的形状是如何变化的?

预测

在接下来的一周里，月亮的形状会如何变化？做个预测吧。

检验

1. **观察**　和家长一起每天晚上看月亮，坚持一周。你也可以借助网络和阅读材料来了解月亮每天晚上的变化。
2. **交流**　记录下每晚月亮的形状。同时也记录下月亮在天空中的位置和你观察的时间。

得出结论

3. **解释数据**　每晚月亮的形状是如何变化的？它的位置看起来又是如何变化的？
4. **预测**　未来几个晚上月亮的形状会是什么样子的？

进一步探究

未来的几天，月亮的形状还会发生什么改变？请制订一份研究计划来找出答案。

步骤 1

步骤 2

日期	观察
星期一	
星期二	
星期三	
星期四	
星期五	

读一读，学一学

基本问题
你了解月球的哪些知识？

词汇
月相
环形山

阅读技能
因果关系

原因 → 结果

月相是什么？

你常常可以在晚上看到月球。月球是一个由岩石构成的**球体**，它是地球在太空中最近的邻居。月球是地球的卫星。**卫星**是太空中围绕行星运转的天体。月球绕着地球运转，就像地球绕着太阳运转一样。

月球的形状看起来每天都不一样——有时我们只能看到月球的一小部分；有时它看起来却是一个又大又亮的圆盘；有时我们根本看不到月球。我们所看到的月球表面发亮部分的形状被称为**月相**（phase）。下面展示了主要的八种月相。你看到过这些月相吗？

月相

就像太阳一样，月球似乎每天都会升起，划过天空，落下。这是地球的自转导致的。由于地球是自西向东自转的，所以在地球上我们看到月球从东边升起，西边落下。

夜空中的月球似乎在发光。其实，月球自己并不发光。月球之所以看起来发光，是因为光的**反射**——太阳光照射到月球上被反射到了地球上。

▲有时白天我们也能看见月球。

快速检测

因果关系 为什么月球似乎每天都升起又落下？

批判性思维 你能预测一下，下周的月相会是什么样子吗？

月球绕着地球转

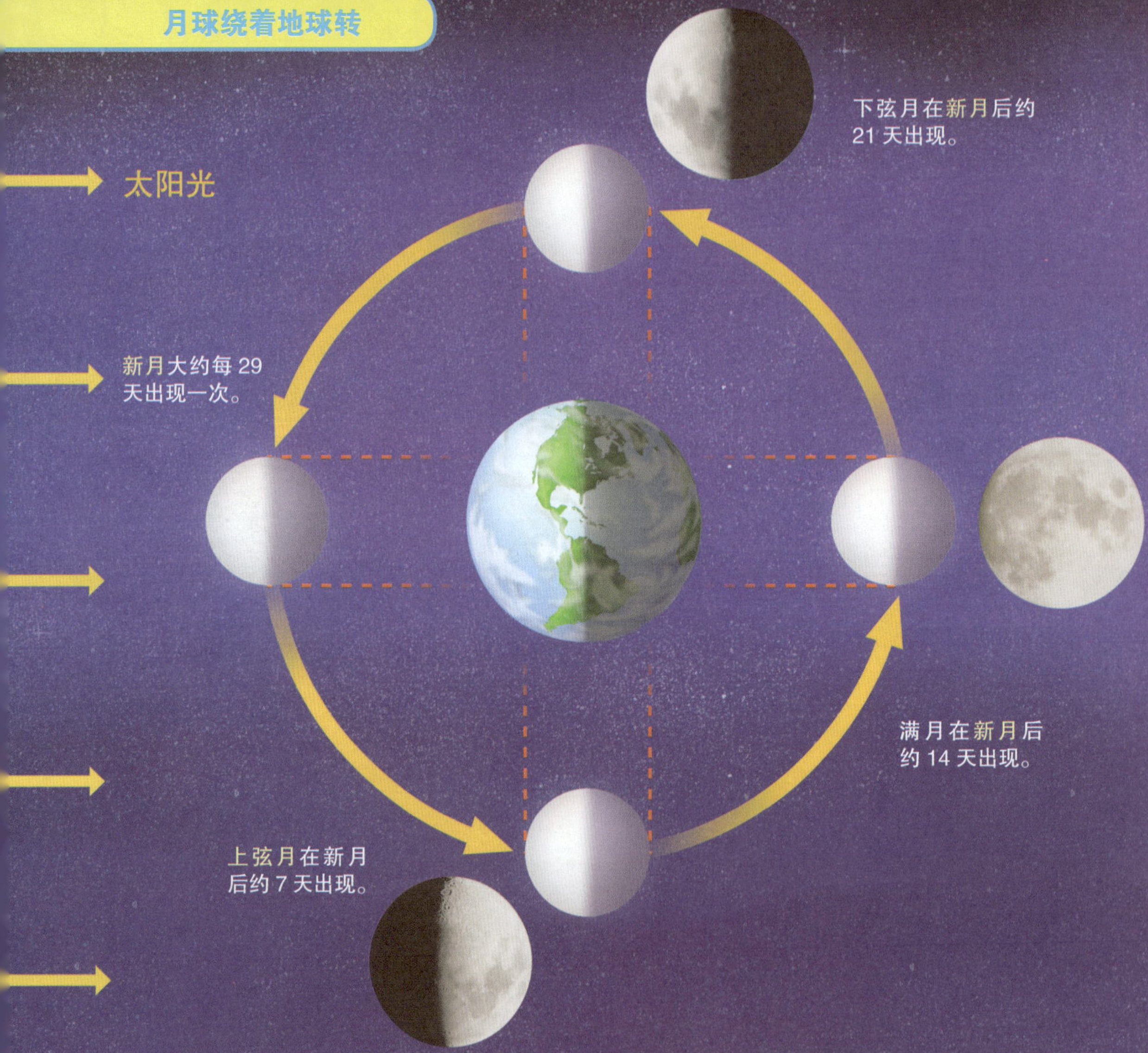

上图展示了从地球上看，新月、上弦月、满月、下弦月的图像。

读　图

什么时候可以看到满月？

线索　阅读上图及说明。

为什么月球的形状会发生变化？

月球的形状看上去会改变，但实际上，它始终是一个球体。它的形状之所以看起来每天都不一样，是因为你看到的是它被太阳照亮的那部分。月球总有一半面对着太阳，另一半处在黑暗当中。当月球绕地球公转时，月球面对太阳的一半（亮面）会部分或全部朝向地球。这个被照亮的部分就是你所看到的月相。

当月球位于地球和太阳之间时，你根本看不到月球。月球继续公转，你逐渐能看到越来越多的亮面。满月时，你会看到月球完整的亮面。月球继续公转，你看到的亮面又逐渐变小。这个周期大约每29天出现一次。

迷你实验

做活页书

1. 在卡片的右边画一个月相并在左边写上月相的名字。给8个月相都做一张卡片。

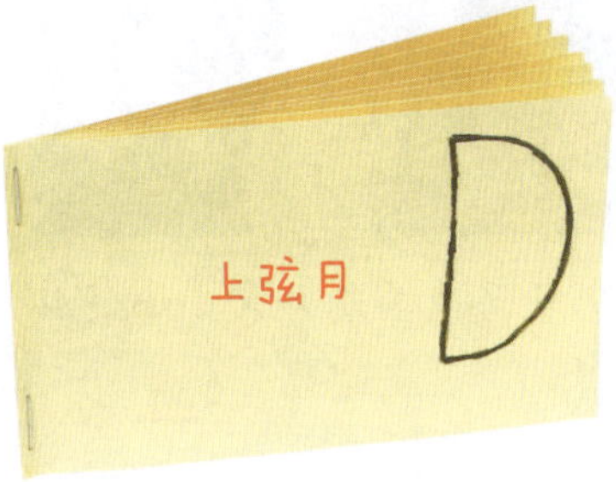

2. 排好序，左齐订好。
3. 用手指翻页。月球的形状是如何变化的？

快速检测

因果关系 什么导致了月相的变化？

批判性思维 如果月球不绕地球公转，它看起来会是什么样子？

▲月球表面覆盖着大大小小的环形山。

月球看上去是什么样的？

月球和地球都是球体，它们既自转也公转，而且都从太阳那里得到光。它们也都是由岩石组成的。尽管如此，两者还是有许许多多的不同之处。

地球的大小大约是月球的 4 倍。与地球不同，月球没有大气层，也没有液态水。月球上没有生物。

月球表面也和地球表面有很大区别。它上面布满了环形山。**环形山（crater）**是天体表面上的坑洞。月球上的有些环形山可能是由于古代月球上的火山爆发形成的。然而，绝大部分的环形山是由于太空中的陨石或陨铁撞击月球形成的。

快速检测

因果关系 为什么月球表面布满了环形山？

批判性思维 为什么月球上没有生命？

这是从月球上看到的地球。▼

真相 月球上的温度最冷时会比地球上的更冷，最热时也会比地球上的更热。

课后回顾

摘要

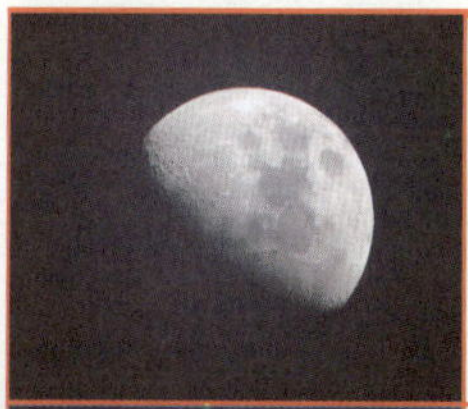

我们所看到的月球的形状似乎每天都在变化。这些形状称为**月相**。

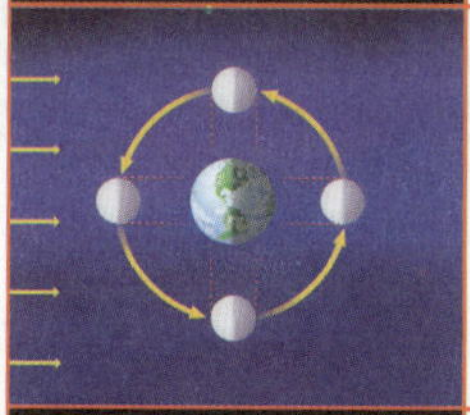

月球绕着地球**公转**，这导致了不同的月相。

在很多方面，**地球**和**月球**都有所不同。

制作 折叠式学习卡

制作折叠式学习卡来总结所学的地球和月球的相关知识。

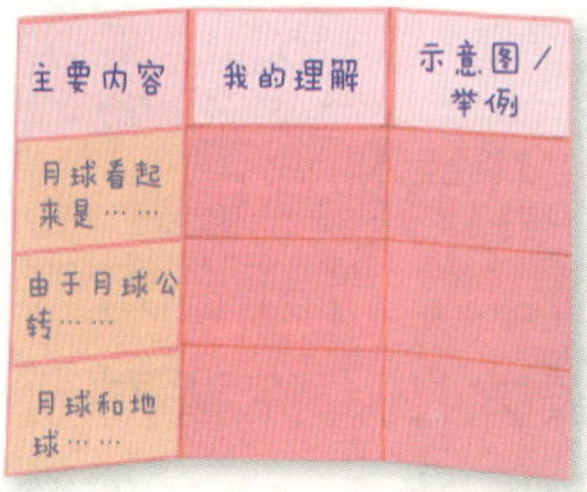

想一想，说一说，写一写

1. **词汇** 什么是环形山？

2. **因果关系** 什么导致了月球的升落？

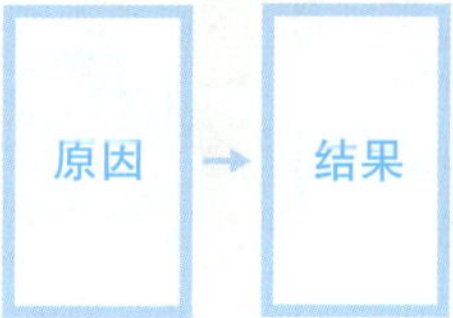

3. **批判性思维** 为什么我们有时看不见月球？

4. **测试** 地球和月球有哪些相似之处？
   A 都有大气层。
   B 自己都会发光。
   C 上面都有生物。
   D 都是球体。

5. **基本问题** 你了解月球的哪些知识？

数学链接

解决问题

物体在地球上的重量大约是在月球上的 6 倍。如果一块岩石在月球上重 9 N，那么在地球上它的重量是多少？

历史链接

做个小研究

有宇航员在月球上行走过。做个小研究，找出一名在月球上行走过的宇航员，并了解他。与全班同学分享你的发现。

科学探究

材料

台灯

球

结构化探究

为什么月相会变化？

做出假设

月球绕着地球公转一周大约需要 29 天。月球在太空中的位置是如何影响月相的？什么时候可以看到满月？什么时候可以看到下弦月？写下你的推测。

步骤 2

验证假设

1. **建立模型** 拿一个球，伸展手臂，把球放在比你头高一点的地方。这个球代表月球，你的头代表地球。
2. **观察** 打开台灯开关，台灯代表太阳。你背对着灯光，让光照在球上。什么部分被照亮了？
3. **实验** 手拿小球，原地转身。注意球上的光影变化。
4. **交流** 你可以画一张图片，也可以写一段文字来记录你的实验结果。
5. 重复几次实验。每次实验的观察结果都一样吗？

得出结论

6 **观察** 看起来是满月时，球在哪个地方？下弦月时，球又在哪个地方？

7 **推测** 为什么月相会变化？你是如何找到原因的？

指导性探究

月亮的位置是如何变化的？

做出假设

在一个月的时间里，月亮在夜空中的位置是如何变化的？提出你的假设。

验证假设

设计一个实验来验证你的假设。记住，你的实验中应该只有一个变量——月亮在天空中的位置。选择实验材料，写出实验的步骤。

得出结论

你的实验结果支持你的假设吗？为什么？与同学们分享你的实验结果。

开放性探究

对于月球，你还有什么其他的问题？与同学们讨论你的问题。怎样能够找到问题的答案呢？

请记住要遵循科学过程。

提出问题 → 做出假设 → 验证假设 → 得出结论

第3课

行　星

看一看，想一想

图中月球下方的亮点是什么？它可不是一颗恒星，它是一颗行星，金星！什么是行星？行星在太空中是如何运动的？

探究活动

行星在太空中是如何运动的？

目标

模拟行星的位置变化。

活动步骤

1. 请在空旷的房间里进行这个实验。在房间中央放一把椅子。把太阳卡片贴在椅子上。在椅子和墙之间拉一条绳子。
2. 将同学分成两组。第一组的每个同学人手一张卡片，沿着线依次排列。离椅子由近及远的顺序为：水星、金星、地球、火星、木星、土星、天王星、海王星。
3. **建立模型** 第一组同学绕着太阳模拟行星的运动。注意大家的步伐保持大小一致。当走完一圈再次回到绳子处时，计算走过的步数。第二组同学重复步骤2和步骤3。
4. **计算** 所有行星绕太阳一周的步数相同吗？

得出结论

5. 不同行星的轨道有什么不同？
6. **推测** 行星在太空中如何运动？

进一步探究

预测 你所在的地方，夜空中能够看到什么行星？设计实验，把行星找出来吧。

材 料

胶带

八张行星卡片和一张太阳卡片

读一读，学一学

基本问题

地球与太阳系中的其他天体有什么异同？

词汇

太阳系

行星

望远镜

太空探测器

阅读技能

分类

什么是太阳系？

太阳、地球和月球都是太阳系的一部分。**太阳系（solar system）**是由太阳和围绕它运转的天体组成的一个较大的系统。

地球是太阳系中围绕太阳运转的八大行星之一。**行星（planet）**是由岩石或气体组成的绕着恒星运转的巨大天体。每个行星的大小都不相同。有的行星比地球小，有的则比地球大。许多行星都有一个或多个卫星。行星都能自转，而且其公转的轨道几乎都是椭圆形的。

地球公转一周大约需要 365 天。水星只需 88 个地球日就可以完成公转，而海王星则需要 165 个地球年才能公转一

太阳系

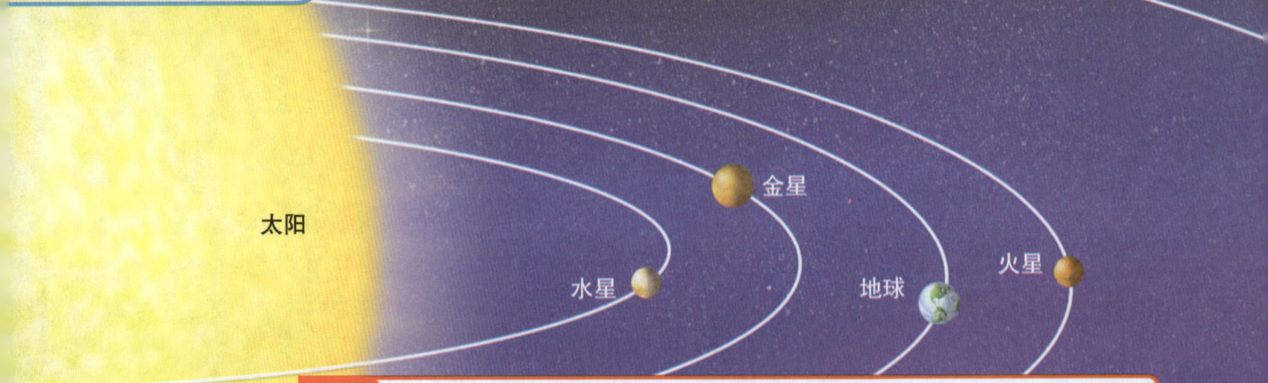

真相 科学家已发现100多颗行星围绕其他的恒星公转。

周。行星离太阳越远，沿着轨道跑完一周的时间就越长。

我们有时可以在夜空中看到水星、金星、木星或土星。在地球上看，这些行星就像恒星一样。但是，和月球一样，行星自身也不发光。月球看起来很大，因为它离地球很近。这些行星离我们更远，所以看起来比月球小得多。

快速检测

分类 在太阳系中除行星外还有其他什么星体？

批判性思维 从水星上看，太阳是什么样的？

迷你实验

估计行星的大小

1. **测量** 和同伴一起。在距离你 30 cm 处，放置一颗弹珠。
2. **测量** 让同伴拿着一个乒乓球，站在离你 5 m 的地方。
3. **观察** 哪个物体看起来更大？为什么？实际上哪个物体大一些？
4. **推测** 为什么有的大的行星看起来会比小的行星显得更小？

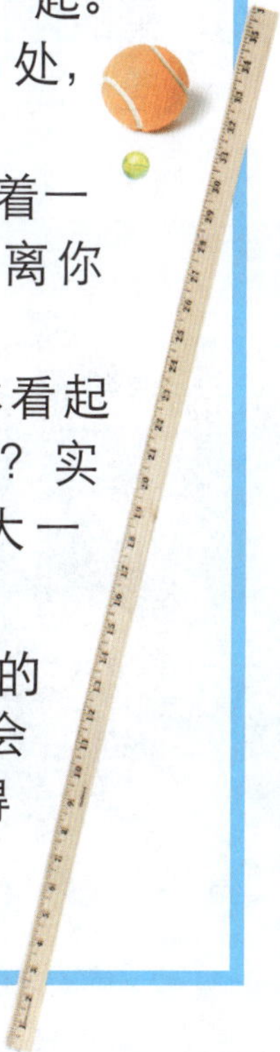

读 图

地球在太阳系的什么位置？

线索 左图展示了天体的位置。

什么是内行星？什么是外行星？

科学家将行星分为两大类——内行星和外行星。**内行星**是离太阳最近的四颗行星——水星、金星、地球、火星。内行星的体积都比较小，它们是由类似岩石的固体物质组成的。因为离太阳比较近，所以它们的温度比其他的行星更高。

内行星

◀水星是离太阳最近的行星。它主要由岩石构成，表面有大大小小的环形山。

◀金星的表面覆盖着厚厚的云层，云层吸收热量。这使得它成了最热的行星。

外行星

土星以其拥有无数条美丽的光环而著称。这些光环都是由绕着土星运转的大小不同的冰块和岩石的碎块组成的。▶

◀木星是太阳系中最大的行星。木星上的“大红斑”已持续旋转了300年。

外行星有木星、土星、天王星和海王星。由于外行星大部分都是气体，所以被称为“气体巨星”。它们可能有固体内核，但是科学家目前还无法确定。

快速检测

分类 土星是内行星，还是外行星？

批判性思维 金星比水星离太阳更远，但是为什么金星比水星更热？

◀地球是已知的唯一有氧气、液态水和生物存在的行星。

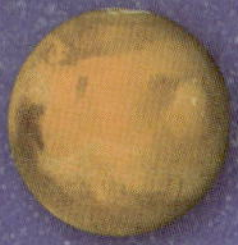

◀火星上有水，但大多是冰，火星因其岩石和土壤是红色的，又名“红色行星”。

◀天王星的轴线严重倾斜。天王星几乎是躺在公转轨道上自转，所以又叫作“躺着的行星”。

▲海王星距离地球32亿千米以上，它有和木星上大红斑类似的大黑斑。

如何观察行星？

还有其他行星吗？海王星是什么样的？我们不能仅仅只用眼睛去寻找行星——我们需要特殊的工具。**望远镜（telescope）**是一种用来使远处的物体看起来更近、更大的工具。望远镜的工作原理是用镜子和透镜收集光。**透镜**是一种透明的镜片，它能够让我们更详细地观察物体。

除了望远镜，我们还需要用到**太空探测器（space probe）**。这是一种在太空中旅行的机器。有的太空探测器可以降落在行星表面，有的则在飞过行星或其他天体时给它们拍照。2006 年，太空探测器“新视野”号被发射到太空，目前，它已飞掠冥王星，去离地球更远的地方探索。

▲望远镜有助于我们观察太空中的行星和其他天体。

快速检测

分类 太空探测器“新视野”号是什么样的工具？

批判性思维 如何能更清楚地看到月球上的环形山？

2004 年，两个太空探测器着陆在火星上。其中，“漫游者”号探测器探测了火星表面，并将照片传回了地球。▶

课后回顾

摘要

太阳系是由太阳、行星以及其他围绕太阳旋转的天体组成的。

太阳系有四颗内行星和四颗外行星。

望远镜和太空探测器都可以用于观察太空中的行星和其他天体。

制作 折叠式学习卡

制作折叠式学习卡来总结所学的有关地球和太阳系的知识。

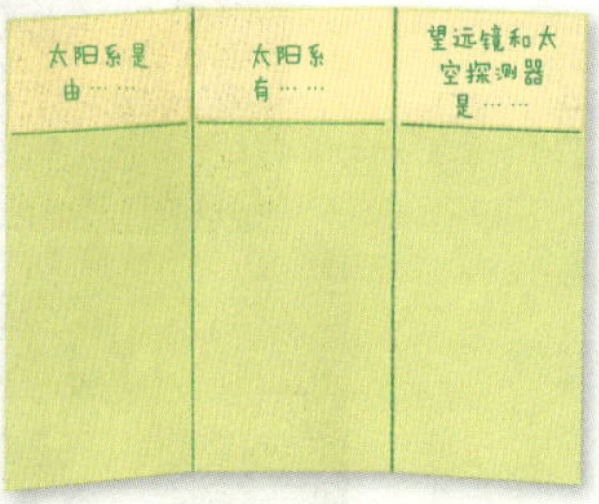

想一想，说一说，写一写

1. **词汇** 什么是行星？请举出至少 5 颗行星。
2. **分类** 金星是行星，还是恒星？解释原因。

3. **批判性思维** 太阳系中的行星有什么共同点？
4. **测试** 哪种工具能够让人们最好地观察土星？
   A 老花镜。
   B 显微镜。
   C 放大镜。
   D 望远镜。
5. **基本问题** 地球与太阳系中的其他天体有什么异同？

数学链接

解决问题

土星的卫星数量是火星的 41 倍。已知火星有 2 颗卫星，那么，土星有多少颗卫星？

艺术链接

画画

想象一下，你被邀请去其他行星旅游，站在它的表面你会看到什么？把你想象中能看到的景象画出来吧。在画中写上行星的名字。

聚焦技能

探究技能：观察

地球仅仅是太阳系中的一颗行星。在地球上的科学家该如何去了解其他的行星呢？除了行星之外，他们又该如何去了解其他围绕太阳转动的天体，比如彗星呢？他们需要依靠观察，观察太阳、行星、卫星和太阳系中的其他天体，来获取有关它们的信息。

▶ 学习

所谓观察，可不仅仅是用眼睛看。科学家需要使用不止一种感官去了解事物——他们会看一看、听一听、闻一闻、尝一尝和摸一摸。科学家经常使用工具，如望远镜、显微镜等来进行观察。接下来，科学家会运用观察结果来得出结论。

⚠ 小心！品尝物体时可能会出现危险。只有在确定安全的前提下才可以品尝。

▶ 尝试

你也可以像科学家那样观察物体。仔细观察右图中的彗星。观察它的颜色和形状。你可以根据某一类物品的特点来判定它的种类。哪个细节让你知道这是一颗彗星，而不是一颗行星？

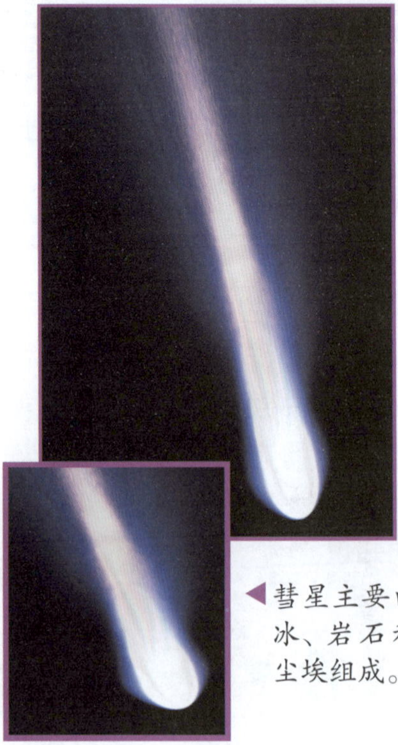

◀彗星主要由冰、岩石和尘埃组成。

▶ 应用

以下图片是太阳系中天体的局部图片。请仔细观察每张图片，确定每张图片上是哪个天体。你是通过哪些细节来辨别的？

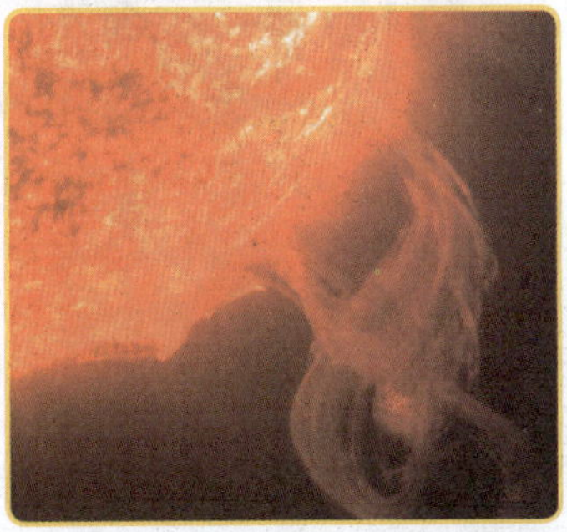
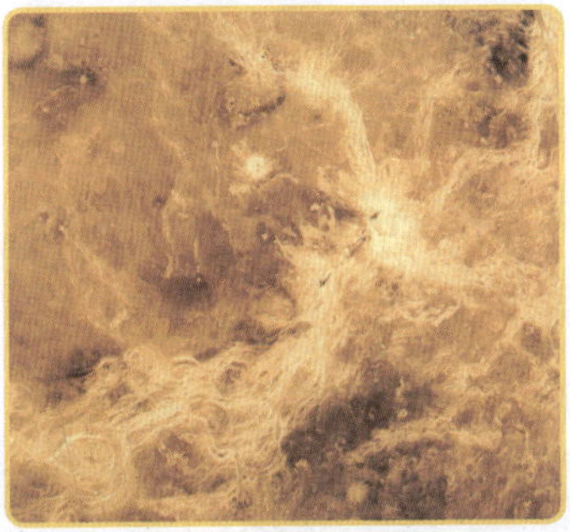

第 4 课

恒　星

看一看，想一想

太阳是距离地球最近的一颗恒星，天空中还有许许多多像太阳这样的恒星。你想过为什么我们白天看不到它们吗？

探究活动

为什么只有在夜空中才能看到恒星?

材 料

白蜡笔

黑纸

白纸

卷尺

目标

了解为什么白天看不到恒星。

活动步骤

1. 在黑纸上用白蜡笔画一个直径 3 cm 的小圆。
2. 在白纸上用白蜡笔画一个直径 3 cm 的小圆。
3. **测量** 让你的同伴举着这两张纸，站在离你 2 m 左右的地方。
4. **观察** 哪个小圆更容易被看到?

步骤 1

步骤 3

得出结论

5. **推测** 为什么一个小圆比另一个小圆更容易被看到?
6. **推测** 假设纸上的小圆是恒星。现在你知道为什么只有晚上才能看到其他恒星了吗?

进一步探究

设计 设计一个实验，解释为什么有时会在白天看到月亮。

读一读，学一学

基本问题

夜空中能看到什么？

词汇

星座

阅读技能

总结

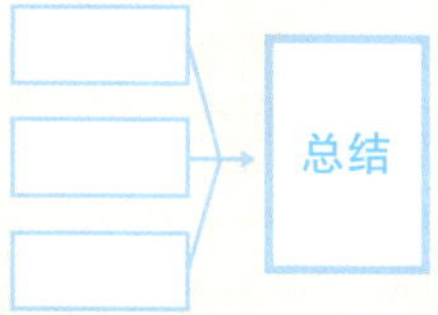

什么是恒星？

恒星是由炽热气体组成的发光球状天体。恒星自身会发光、发热。太阳是太阳系中唯一的恒星。它也是距离地球最近的恒星。

天空中有不计其数的恒星。恒星一直都在天空中，但我们白天看不见它们。这是因为太阳光太强了，使我们很难发现它们。

因为太阳离地球比较近，所以比起其他恒星来，它看起来更大更亮。然而，太阳只是一颗中等大小的恒星。它比许多恒星小得多，也年轻得多。其他恒星看起来又小又暗，是因为它们离我们很远很远。

大小只是恒星差异的一个方面，有的恒星更亮，有的恒星更热。蓝色的恒星是最热的，红色恒星是最冷的。

恒星的大小

恒星可按照大小、颜色和亮度进行分类。

星座

很久以前，人们仰望星空。他们把夜空中相邻的星星连成了图画。我们今天仍然可以看到这些恒星组合。**星座（constellation）**是组成图画的一组恒星。

快速检测

总结 恒星有哪些方面不同？

批判性思维 太阳和其他恒星有什么不同？

黄色线画出来的是北斗七星。它是大熊星座的一部分。▼

迷你实验

制作星座

1. 选择一个星座，在黑纸上用粉笔把它画出来，再用铅笔把其中的星星戳成小洞。在操作的过程中，⚠小心！请注意安全。
2. **观察** 和同学交换作品。在黑暗的房间里，把其他同学的作品放到台灯或手电筒前，打开灯光。星星的图案看起来是什么样的？

3. **交流** 告诉大家你画的是什么星座。

真相 北斗七星不是星座。

为什么在不同季节能看到不同的星座?

每个季节都能看到不同的行星。当地球绕太阳公转时，阳光照不到的那一面会朝向不同的方向——于是我们看到了不同的夜空。

在下图中找到猎户座。冬季，你可以在夜空中看到猎户座。夏天，地球这一面移动到阳光普照的那一边。所以当你在夏天仰望夜空时，就找不到猎户座了。在夏天，猎户座在白天出现，这时你看不见它。

季节与星座*

* 图中季节为北半球的季节。

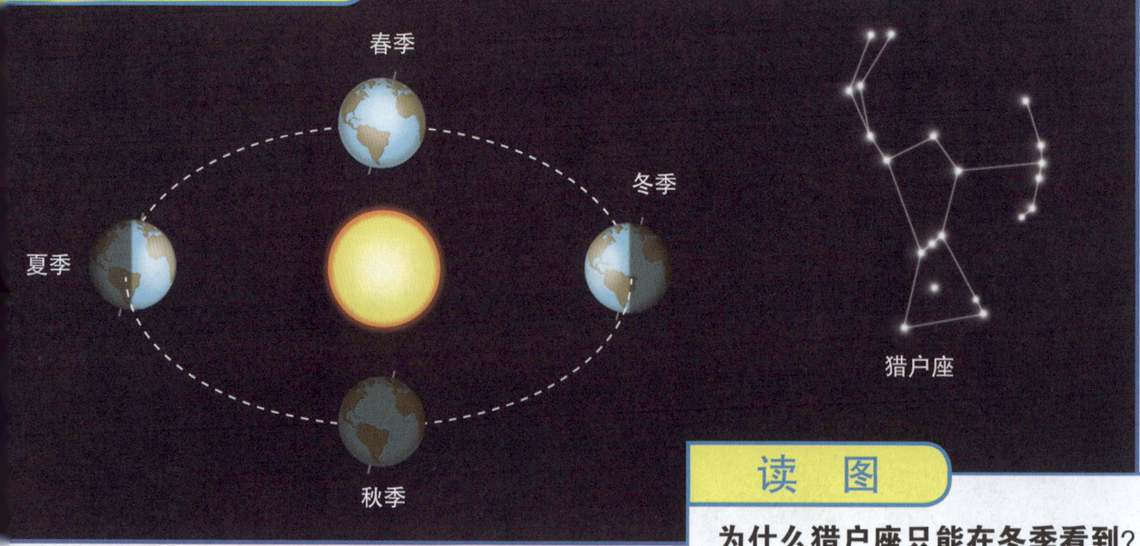

读 图

为什么猎户座只能在冬季看到?

线索 观察和比较每个季节中，阳光照射在地球的什么位置。

快速检测

总结 为什么每个季节看到的星星有所不同?

批判性思维 为什么很久以前，人们认为猎户座像一个猎人?

课后回顾

摘要

恒星有大小、亮度和颜色的差别。

星座是组成图画的一组恒星。

每个季节的星座都有所不同。

制作 折叠式学习卡

制作折叠式学习卡来总结所学的有关恒星的知识。

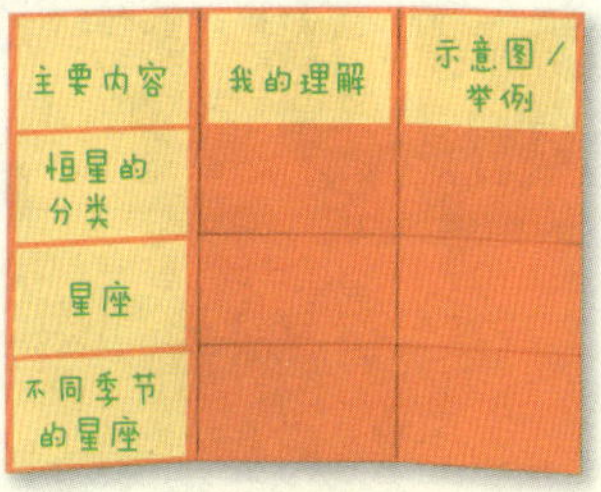

想一想，说一说，写一写

1. **词汇** 星座是什么？
2. **总结** 为什么比太阳大的恒星在地球上看起来却比太阳小？

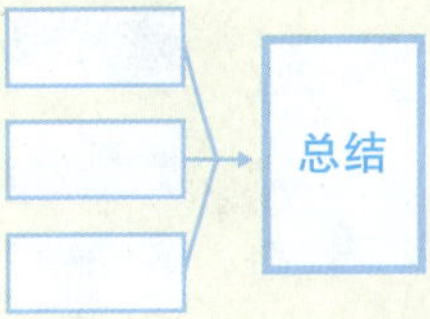

3. **批判性思维** 你能看见所有的星星吗？为什么？
4. **测试** 以下哪项描述太阳更合适？
   A 小型恒星。
   B 中型恒星。
   C 大型恒星。
   D 蓝色恒星。
5. **基本问题** 夜空中能看到什么？

写作链接

写报告

很久以前，人们认为仙后座看起来像一个皇后。你可以研究一下关于这个星座背后的传说，你也可以选择一个你感兴趣的星座，调查一下它背后的传说。把你的研究成果写下来。

音乐链接

唱一首星星歌曲

学习一下歌曲《一闪一闪亮晶晶》的歌词。按照曲调，重新填词。在全班同学面前读一读或唱一唱你填词的歌曲。

走近奥索拉·马科

你对星空充满好奇吗？奥索拉·马科就对星空充满了好奇。她现在是美国自然历史博物馆的天体物理学家。天体物理学家是研究宇宙的科学家。奥索拉主要研究总在一起出现的恒星。众所周知，太阳是一颗独立的恒星。但宇宙中的大多数恒星都是成对出现的，它们被称为双星。

一颗恒星围绕另一颗恒星运动，或者两颗恒星绕着共同的中心运动，都是双星。其中较亮的一颗，称为主星；较暗的一颗，称为伴星。开阳双星是人们第一个用肉眼发现的双星。

提示

如何写出一篇好的总结？

- 陈述中心思想。
- 有重要的细节。
- 简短。
- 用自己的语言表述。

当然，奥索拉并不能去恒星那里了解它们。相反，她去了美国西南部和智利。那里有大型望远镜。她将目光投向数十亿千米外的太空，以便更好地观察双星。她观察双星是如何相互影响的。随着恒星年龄的增长，它的体积越来越大。如果它附近有另一颗恒星，老恒星可能会吃掉或吸收旁边的小恒星，没人知道在那之后会发生什么。奥索拉正在努力寻找答案。

写作

总结　阅读上面的文章，摘抄出你认为最重要的信息，制作一个图表来总结上面的文章。请记住，作为总结，图表往往是从这篇文章的核心概念开始的。总结要简单明了。

第2章 复习和测试

摘要

第 1 课　地球自转和绕太阳公转，形成了昼夜和四季。

第 2 课　月相和月球在天空中的位置是在不停变化的。

第 3 课　地球是八大行星之一，绕太阳公转。

第 4 课　恒星各不相同。在不同的季节里，人们看到的恒星也不同。

制作 折叠式学习卡

如下图所示，把前面的学习过程中制作的折叠式学习卡粘在一起来复习本章内容。

词汇

DOK 1

用下列词语填空。

轴	自转
星座	太阳系
环形山	太空探测器
轨道	月相
望远镜	恒星

1. 地球绕太阳公转的路线叫________。
2. 穿过物体的中心，物体绕着它旋转的是________。
3. 看起来组成了一幅画的一组恒星叫作________。
4. 远处的物体通过________可以看得更清楚。
5. 太阳和其他围绕太阳运转的天体形成了________。
6. 地球________一圈约 24 小时。
7. 从地球出发去太空旅行的机器叫________。
8. 从地球上看到的月球的形状叫作________。
9. 太阳是________。
10. 月球表面上的坑叫作________。

科学技能和科学概念

DOK 2-3

回答下列问题。

11. 总结　太阳系中的行星有什么相似之处？它们又有什么不同？
12. 描述　记录你在夜空中观察到的星体。你有什么感觉？
13. 观察　用眼睛看月亮，你能看到什么？如果使用望远镜，你能观察到哪些细节？
14. 批判性思维　如果地球离太阳更远，会发生什么变化？如果离太阳更近呢？
15. 批判性思维　恒星一直都在天空中，为什么我们白天看不到它们？
16. 预测　如果地轴不是倾斜的而是垂直的，地球上的气候会有什么变化？
17. 观察下图中的月相。还有多久才到新月？

18. 判断正误　因为月球绕着地球转，所以月相发生了变化。这样的说法是否正确？为什么？
19. 为什么夏季比冬季暖和？

A　冬季的云更多，阻挡了太阳光。

B　夏季，地球得到了更多的太阳直射光。

C　冬季，地球得到了更多的太阳直射光。

D　地球夏季比冬季更靠近太阳。

大概念

20. 天空中有哪些星体在运动？它们是怎么运动的？

表现性评价

DOK 2

太空探索

- 制作太空探索的大事年表。
- 收集太空探索的里程碑事件，在你的时间线上记录下事件发生的年份和事件本身。
- 你的时间线上，哪个事件最重要？为什么？把你的理由写下来。

测 试

1 下列哪张图解释了月相的变化？

DOK 2

A

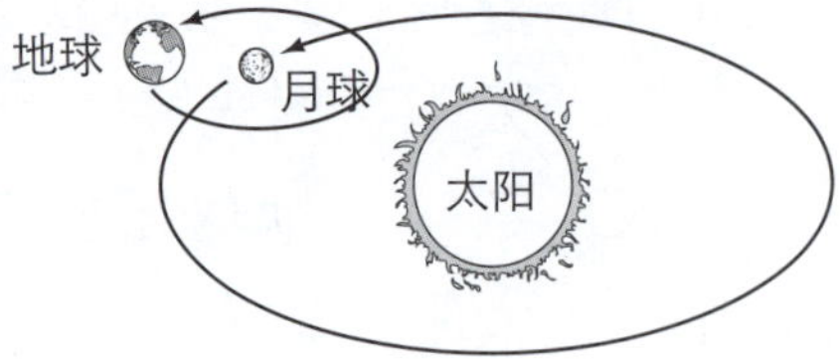

B

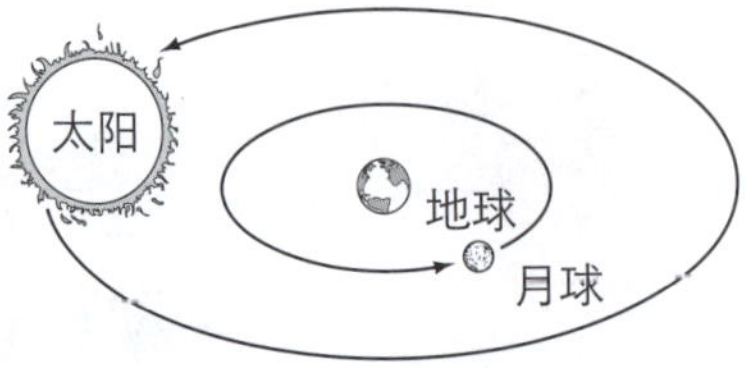

C

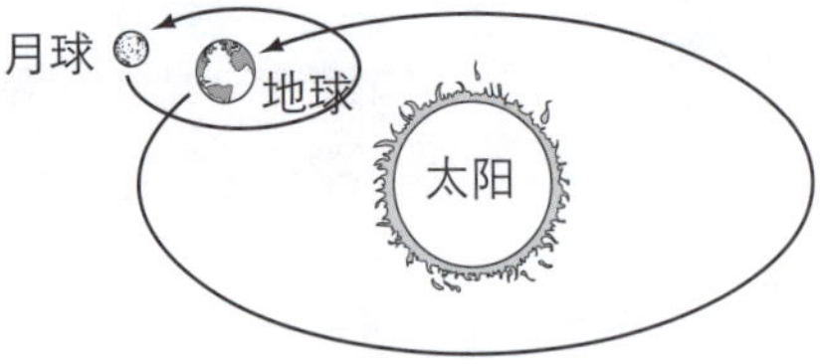

D

2 地球围绕什么天体公转？

DOK 1

A 月球。

B 太阳。

C 其他行星。

D 其他卫星。

3 看图回答问题。

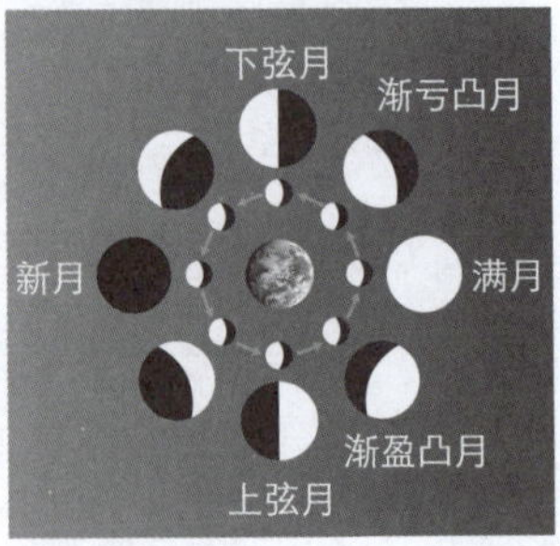

如果已知新月的日期，满月应该是什么时候？

DOK 1

A 一天后。

B 一周后。

C 两周后。

D 两月后。

4 望远镜为何能够帮助人们更方便地观察月球的特征？

DOK 1

A 它可以使远处的物体看起来更近。

B 它可以使远处的物体看起来更暗。

C 它可以使远处的物体看起来更小。

D 它可以使远处的物体看起来更亮。

5 仔细观察下图中的月相。

下列哪项是图中月相的前一个月相？

DOK 2

A 凸月。

B 满月。

C 蛾眉月。

D 弦月。

6 为什么每个季节看到的星座不一样？

DOK 1

A 因为恒星们绕着地球旋转，所以每个季节看到不同的星座。

B 地球的暗面在不同的季节朝向不同的方向。

C 星座绕着太阳旋转，在天空中去往不同的方向。

D 在某时，其他的行星在地球前面，挡住了我们的视线。

7 内行星是什么样的？

DOK 1

A 都由气体组成。

B 大小相同。

C 由岩石固体组成。

D 都很寒冷。

8 仔细观察下图。

运用此图解释出现昼夜更替的原因。

DOK 2

对比出现四季的原因。

DOK 2

检 查

问题	对应页码	问题	对应页码
1	74～77	5	74～75
2	84～85	6	96
3	76	7	86
4	88	8	64～67

气象学家

不是所有的气象学家都在电视台工作。有些人是航空气象学家，他们专为航空预报天气。飞行员需要了解天气情况，以保证能安全飞行。

有些气象学家在热带雨林或极地的气象站收集数据。他们收集的数据可以帮助其他科学家更好地了解地球的气候。

要成为一名气象学家，需要在大学里主修气象学专业，不仅需要有优秀的计算机技能，还需要学习使用专业的气象工具以及如何阅读雷达扫描和卫星的照片。

▲这位气象学家在测量巴西热带雨林的降水量。

▲气象学家使用仪器设备来收集天气数据。

更多相关职业

- 气象观察员
- 气候学家
- 宇航员
- 天文学家

图书在版编目（CIP）数据

科学启蒙：第二版．天气和太空．③／（美）杰伊·哈克特等著；张俊等译．-- 杭州：浙江教育出版社，2019.12（2022.8重印）
ISBN 978-7-5536-9620-1

Ⅰ．①科… Ⅱ．①杰… ②张… Ⅲ．①科学知识—少年读物②天气—少年读物③宇宙—少年读物 Ⅳ．①Z228.1②P44-49③P159-49

科学启蒙（第二版）
KEXUE QIMENG（DI ER BAN）
天气和太空 ③
TIANQI HE TAIKONG 3

出版发行 浙江教育出版社（杭州市天目山路40号 电话：0571-85170300-80928）
原 著 名 SCIENCE A CLOSER LOOK
WEATHER AND SPACE
翻　　译 张　俊　邓小耶　陈娅玲
审　　定 郝京华
图片来源 海洛创意
责任编辑 徐荆舒
封面设计 韩　波
责任校对 何　理　戴正泉
责任印务 沈久凌

图文制作 杭州兴邦电子印务有限公司
印　　刷 杭州富春印务有限公司
开　　本 787m×960mm 1/16
印　　张 7.25
字　　数 145 000
版　　次 2019年12月第1版
印　　次 2022年8月第4次印刷
标准书号 ISBN 978-7-5536-9620-1
审 图 号 GS（2019）5423号
定　　价 28.00元